不 思 議 な
パ ワ ー が
奇 跡 を 起 こ す

あなただけの「龍」と
つながる方法

スピリチュアルコンサルタント
MOMOYO

大和出版

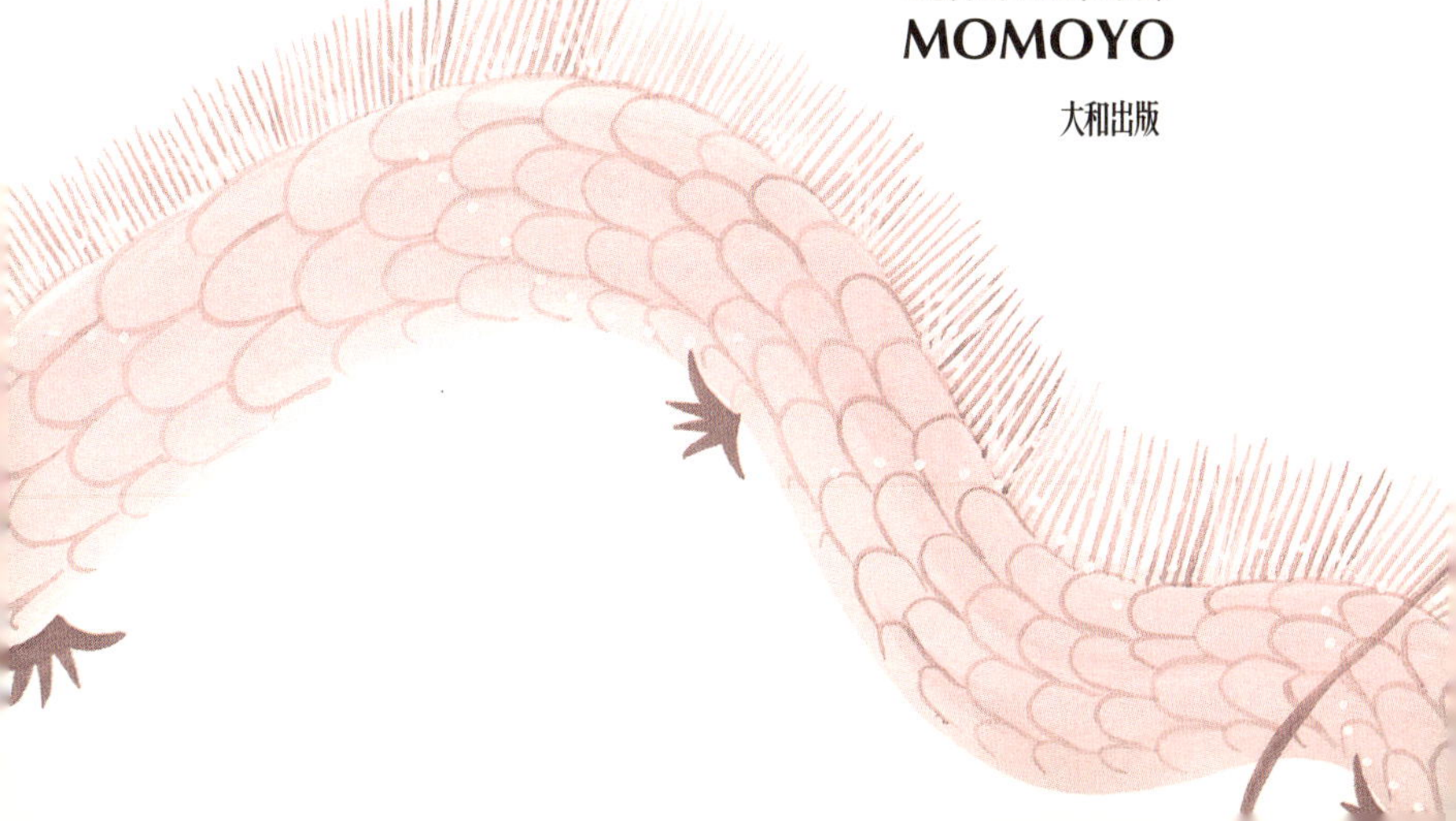

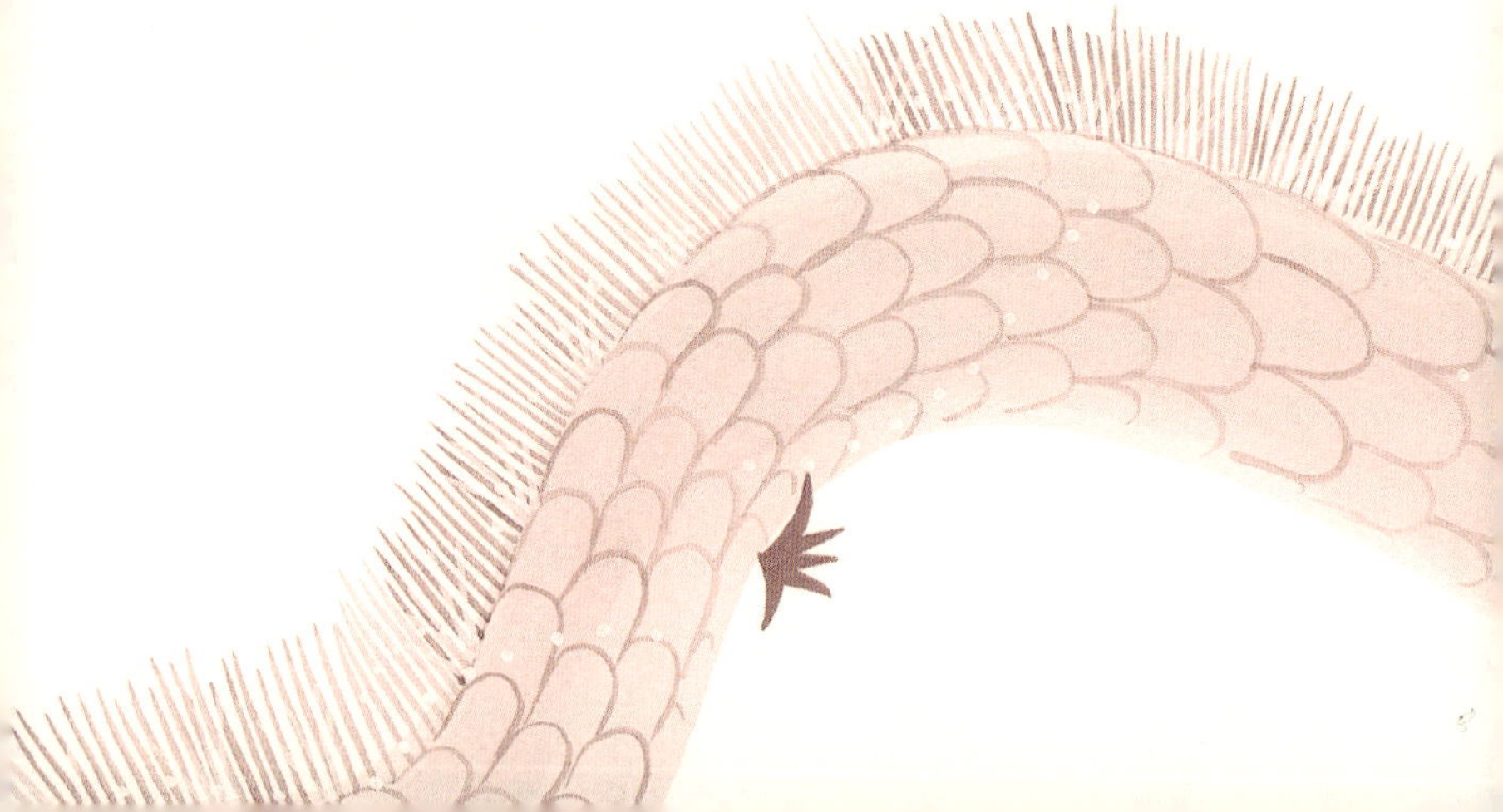

はじめに　龍と出会う準備、始めましょう！

龍とつながれば、あなたは「本当の豊かさ」に目覚め、「パワフルで充実した人生」を手にすることになる――。

私が龍と再会を果たしたのは、ほんの数年前。イギリスで子育てをしていましたが、当時の私の暮らしぶりといったら、それは本当に貧しいものでした。

海外生活での貧しい暮らしというのは、日本のあなたの基準からは想像を絶するものです。ホームレスとはいいませんが、かなりそれに近い暮らしをしていました。

かろうじて、屋根付きの住む場所だけは、あったともいいましょうか。

もちろん、心もボロボロでした。こんな状態でどうやって娘を育てていけばよいのか、毎日不安で仕方がありませんでした。

ただその反面、「この可愛い娘だけは、絶対にちゃんと育てたい」という強い思いはありました。

貧乏な家庭の娘のまま育つようなことだけは、絶対に嫌だという変なプライドがあったのです。今思えば、あの頃から私は、明らかにこの世の存在ではない、宇宙にいる龍と会話をしていたのだと思います。

私「私を救ってください。私はこの子をちゃんと育てるためなら何でもします」

その頃は会話をしている相手が、実は龍だったとは知らず、ただ何かに向かってお願いをしていました。

すると、あるとき、どこからともなく返事が返ってくるようになったのです。

「大丈夫、絶対にあなたは大丈夫だから」

その声は3か月続きましたが、状況はいっこうに改善されず、まったく大丈夫ではない生活が相変わらず続いていました。しかし、その声が聞こえるたび、「本当に大丈夫なのだ」という感覚が、なぜだか私をすっぽり包んでいたのです。

3か月を過ぎた頃、その声は突然、会話形式に変わっていきました。

龍「今あなたが豊かではないのは、あなたがいろいろなことを忘れているから。早く思い出しなさい。そうすれば、あなたは絶対に豊かになれます」
私「一体何を思い出せばよいのですか？　私は何を忘れているのでしょうか？　過去世の記憶とか？」
龍「ははは っ。ハ・ズ・レっ!!」
その声はとてもふざけた感じで、まるで子どもが話すかのような口調で、私は少し腹がたちました。
私「えっ？　ハズレって……。クイズじゃないのだから。じゃあ、答えを教えてください。笑い事じゃないのです。私の今の生活は本当に辛いのです。あなたなら見えるでしょう？　私はあなたのその声を信じて、この3か月頑張ることができたのですよ」
龍「なんだか悲壮感が漂っていて嫌だな〜。いや〜重い。勘弁してよ、そういう悲劇のヒロインみたいなの」
私「あの……あなたは私で遊んでいるのですか？　私はあなたの声に救われています。いつも優しく語りかけてくれる、その温かい声に……。でも私をからかうなら、もう消えてください」
龍「いやや！　だって、君、めっちゃ、おもしろいねんもん。1つだけいいこと教えてあげようか。今、君がなぜそんなに貧しいのか。それは僕のせいやねんで!!」

私「えっ？　今度はいきなり大阪弁っ!?　かなりふざけている、この声……」

その瞬間、怒りが頂点に達しましたが、当時の私は、その声しか頼れるものがなく、かつ、その声に救われたことも思い出し、ぐっと我慢をしました。

私「あの、あなたは誰なのでしょう？　私が貧しいのは、あなたのせいって、どういうことでしょうか？」

この会話が私と龍との最初の出会い、いや、正確には、子どもの頃以来の再会だったのです。

このときの私は、まだはっきりと龍の姿を見ることはできませんでしたが、龍との会話を通して「あること」に気づかされたことで、私の生活は、ガラリと180度変わりました。

たとえば、それまでは単なる主婦で、生活に困っている毎日だったのに、人生が自然と新しい方向にスーッと開いていき、必要なものがどんどん引き寄せられるようになりました。

また、意図したわけでもないのに、引っ越すたびに家が大きくなっていき、それに見合う収入が入ってきて、それまでの4倍以上もの収入が得られるようになったのです。

それだけではありません。

私は、これまで300人以上もの方々を龍とおつなげしてきたのですが、ほぼすべての方の人生が好転していくさまを、目の当たりにするようになったのです。

そのなかには、「収入が今までの5倍になった」という人や、「多くの人を笑顔にする職業に出会えた」人、また、「愛し愛されるパートナーとめぐりあえた」人もいらっしゃいます。

さらには、

「望んだことが次々と目の前に現れるようになった」
「たくさんの人から愛されるようになった」
「お金のことを考えなくなったのに、前より豊かになった」

など、信じられないような嬉しいことが次々と起こっているのです。

――さて、龍はいたずらが大好きで、その無邪気さといったら、子どもと、とてもよく似ています。

しかし、人間には計りしれないほどの大きな愛を持っています。

今、日本では龍が大流行していると聞きました。

それは、龍が自分の存在に気づいてほしくて、さまざまなアプローチを人間に向けて行っていることを、人間が気づきはじめたことでもあります。

現在、私は1年に2度ほど、日本で龍のセミナーを開催しておりますが、そのセミナーは、特に内容も当日まで決まっていません。

ただ龍のセミナーというタイトルだけが決まっているだけなのですが、いつも活気に満ちていて参加者の皆様も大喜びです。

なぜか？

そのセミナーは、龍が開催しているものだからです。

会場には本当に龍がやってきて、私達をめちゃめちゃにして帰ります。

めちゃめちゃにするというのは、もちろん良い意味で、なのですが……。

いずれにしても、龍は私達に大切なことを思い出させてくれます。

それは、〝「本当の自分」に戻ると、心も生活も、すべてが自然と豊かになっていく〟ということ――。

これが、先ほど私が申し上げた「あること」であり、私は、このことに気づくことで、人生が大きく変わりました。

いかがでしょう。

龍との交流さえできるようになれば、あなたの人生もガラリと変わるのです。

でも、ここまでお読みの方の中には、「そんなにうまい話があるの？　そもそも龍なんて存在するわけがない」と思われている方も多いはず。

そこで本文では、これまで明らかにされてこなかった、龍の存在と真実、そして、その出会い方から共に生きる方法まで、すべて明かしていきます。

この本を読み終える頃には、きっとあなたも、私が申し上げたことを体感していただけることでしょう。

さあ、準備はできましたか。

それでは、さっそく本文へとお進みください。

スピリチュアルコンサルタント　ＭＯＭＯＹＯ

目次❖あなただけの「龍」とつながる方法

1章

龍と〝本当〟につながる方法①

人生における「真の豊かさ」とは何かを知る

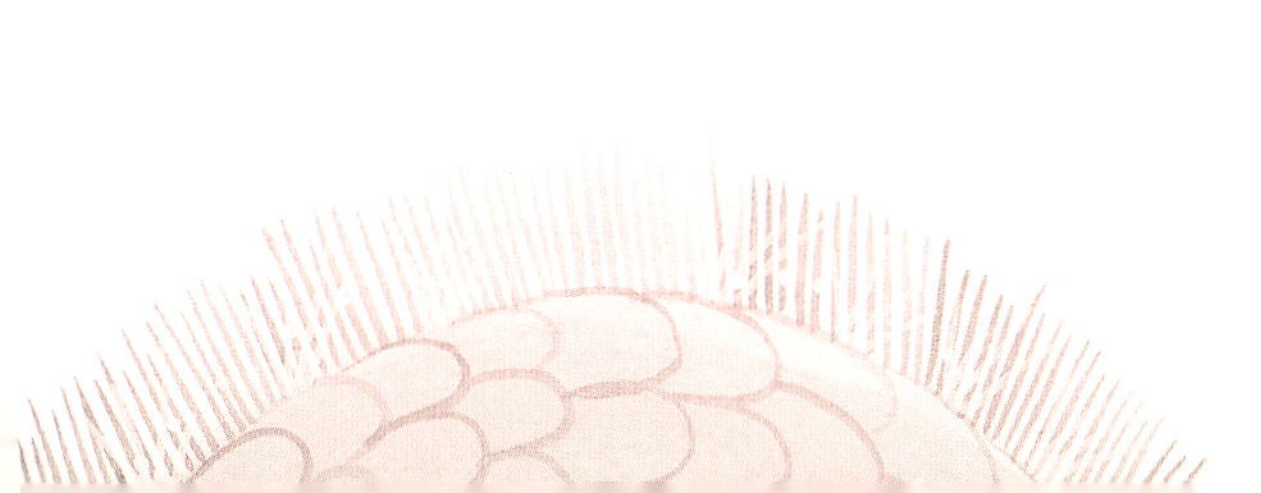

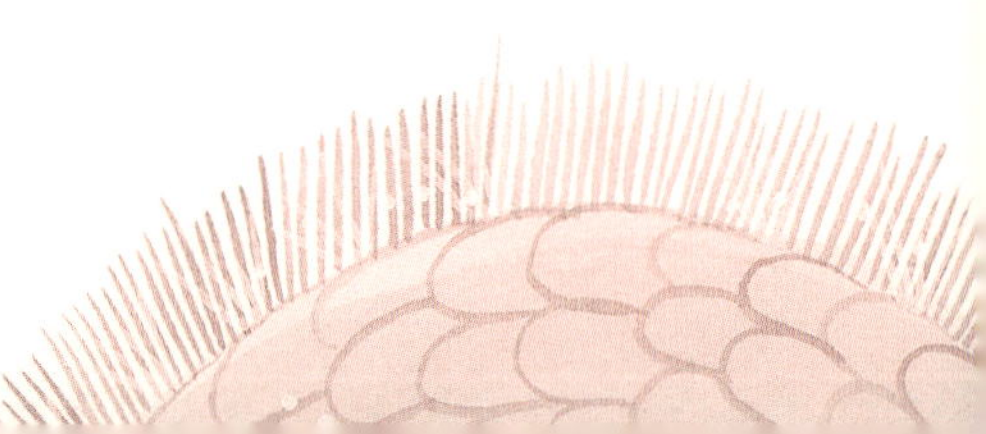

4章

龍と"本当"につながる方法④

5つのワークで、いよいよ龍に出会える！

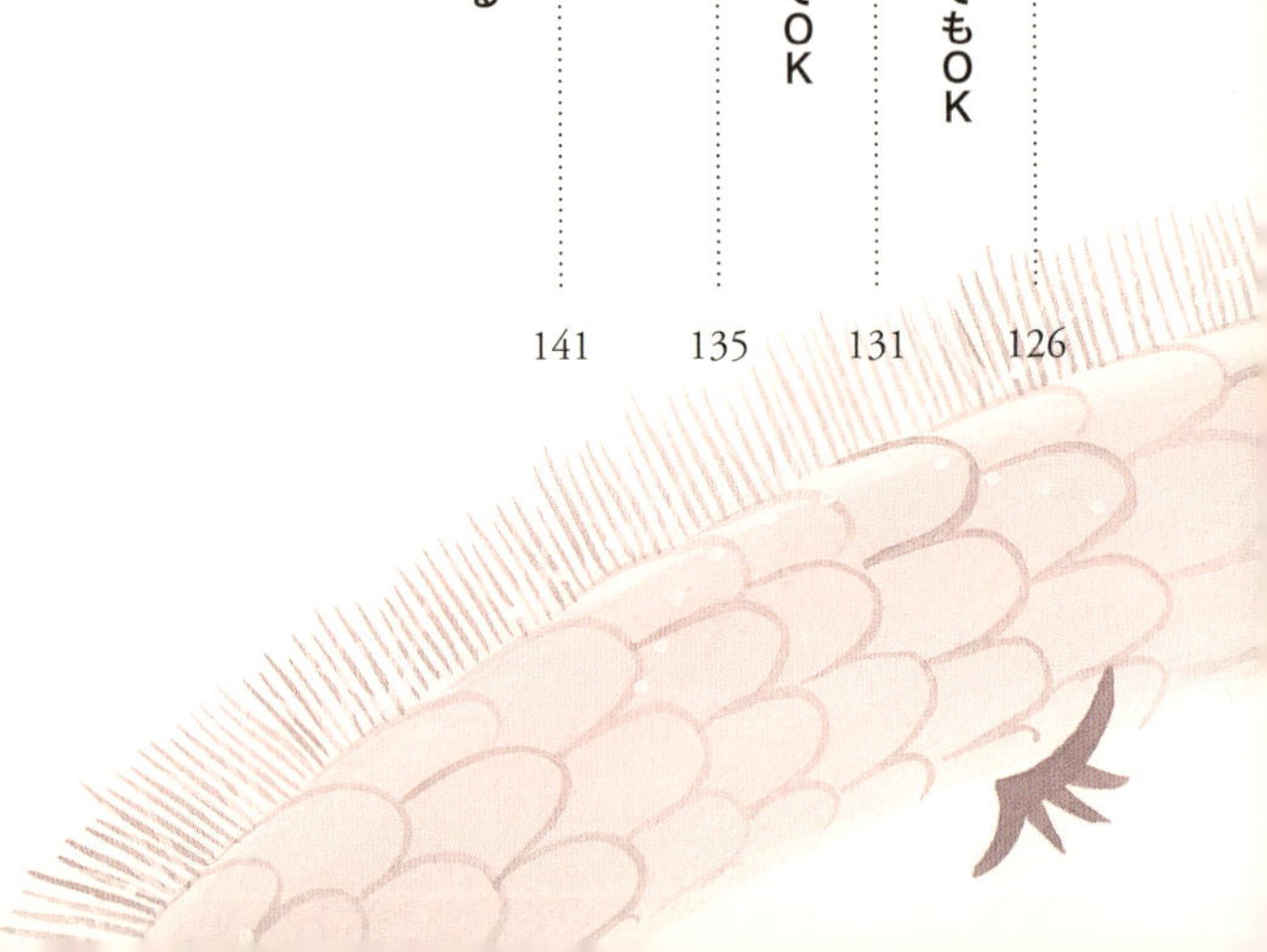

6章

龍と"本当"につながる方法⑥

互いの絆が、さらに深まる日々の習慣

エピローグ

あなたの明るい未来は確かに約束されている

イラスト　RIE
デザイン　後藤葉子（森デザイン室）

プロローグ　*prologue*

龍はあなたとつながることを待っている

龍と共に生きる魅力的な女性

パワースポット的な役割をする龍

あなたは、実際に龍と共に生きているという人に出会ったことがおありでしょうか？
そもそも龍とはどういう存在で、私たちに何をもたらす存在なのでしょう？
それから、龍と生きるということは可能なのでしょうか？

龍は時々、パワースポットのような役割をします。
その場所を、とても良いエネルギーで包み込むのです。

すると人々は、そのエネルギーに魅了され、どこからともなく、その場所に集まるようになり、そこは自然と栄え、豊かになります。

また、龍は人々を豊かな生活へと導く役割もします。

龍に導かれた人たちは、知らず知らずのうちに、新しくまだ見ぬ豊かな世界へと道を切り開いていくこととなるのです。

私もまた導かれた、その1人。

そして、今の仕事をするようになり、〝龍と共に生きる〟という人々に、これまで何人も出会ってきました。

そこで、その方々の中の1人、私を日本だけに留まらず世界へと羽ばたかせてくれた人物、〝龍と共に生きる素敵なイギリス人女性〟について、お話ししていきます。

さらには、イギリスのある土地をとっても良いエネルギーで包み込み、その場所を栄えさせつづけている白い龍についてもご紹介しましょう。

彼女の名前はＫａｔｅといいます。

Ｋａｔｅと出会う前の私は、まさかイギリスで活躍できるなどとは、思ってもいませんでした。

しかし、彼女と彼女の龍は不思議な力で、私がイギリスで活動できるきっかけを与えてくれました。


彼女の見た目は、髪を赤色に染め、真っ赤な口紅をつけて、服装は派手。

とても整った顔立ちで、背丈は小柄で少しぽっちゃりとしています。

目が子どものようで、美しいのに、どこか可愛いらしくもあります。


イギリスは階級社会だと聞いたことがある方もいらっしゃるかもしれませんが、階級により英語の発音や話し方が違います。

そんななか、Ｋａｔｅが話す英語はミドルクラス（中流階級）で、とても上品、かつ綺麗なもの。

それにもかかわらず、初めて会ったときの印象は、とても話しやすい気さくな人という雰囲気でした。

目の前に突然現われた

Ｋａｔｅ自身はヒーラーであり、音楽家。

イギリスではかなり有名でネットワークも広く、特にヒーリング業界では人気者でした。

そんな彼女が、イギリスでは無名だった私の目の前に突然現れたのです。

出会いはヒーラーやセラピストが、たくさん集まるイベント。

ヒーラーだけでも１００人くらいは、その会場にいたはずです。

私はそのイベントで、自分の仕事をＰＲするために小さなブーススタンドを設け、そのブース内で20分30ポンド（日本円で５、６千円程度）のお試しセッションを開催していました。

私はSpiritual Anatomy®という、ちょっと変わった魔法を使うヒーリングをします。

これについては、のちほどお話ししたいと思いますが、日本ではなく海外でＰＲすることには不安もあり、フェスティバルの規模にも圧倒され、私はひっそりと自分のブース内でセッションをしていました。

Ｋａｔｅは、私がある女性にヒーリングをしているとき通りがかり、物珍しそうな顔で私のワークを見ていました。

そして、私がセッションを終えると、私の身体に真正面からガバッと覆いかぶさってハグしたのです。

小柄でしたが、彼女の大きなエネルギーによって、私は彼女の胸の中に埋もれました。

10秒くらい、身体がバラバラになるかと思うほどの強いハグをされ、その後いきなり、メールアドレスを聞かれ、

「今度お茶でも飲みましょうね！」

とＫａｔｅは笑顔で私に伝え、互いの連絡先を交換しました。

私は何が起きたのかよくわからず、唖然としたまま、その日はそれで終わりました。

Ｃｈｅｌｓｅａで起こった奇跡の出来事

その空間に流れていたもの

しかしその翌日、Ｋａｔｅから本当にメールが届いていていました。

しかも、

「来週、Ｃｈｅｌｓｅａで会いましょう」

とだけ書いてあったのです。

とても意味深なメールで、私もなんだか彼女に、もう一度会ってみたい気持ちになりました。また、Ｃｈｅｌｓｅａという土地は、私がロンドンで最も好きな場所だったので、Ｋａｔｅの誘いは私をますますワクワクさせました。

そして、指定された場所と時間に彼女と会うことになったのです。

当日、待ち合わせ場所に行ってみると、そこはなんと会員制の高級施設でした。

ご存じの方もいらっしゃると思われますが、イギリスは階級社会で、上流階級の方は一般の方々と接することをあまり好まず、こういった施設の会員になり、そこを利用することが多いのです。

施設の中には、たいていレストランや図書館、カフェ、スポーツジム、ミーティングスペースや会議室などがあり、会員になるには、年収の査定と友人2人からの紹介状が必要です。年会費も高く、年収査定も厳しく、会員になれる人はロンドンでもごく1部の人たちです。

私はKateより先に到着したため、その施設には入れてもらえませんでした。

外で数分、Kateの到着を待っていたところ、Kateが向こうから歩いてこちらに向かってくるのが見えました。

服装や髪の色が派手なので、遠くからでもKateだとすぐにわかりました。

彼女のオーラは明るく華やかでもあり、なぜか目が放せなくなってしまうような不思議な魅力があります。

そして、施設の会員であるKateと共に、施設内の優雅なカフェに一緒に案内されました。

広いカフェの天井は吹き抜けで、カフェの真ん中には真っ白なグランドピアノが置いてあり、ちょうどそのピアノに向かって明るく綺麗な光が差し込んでいました。その日は生演奏が行われていて、そこにいる人たちはその空間や音楽に溶け込んでいます。

ロンドンの街中だとは思えないほど、その空間だけは時間がゆっくりと流れていて、そこにいるだけで、自分も豊かになったような感覚にさせられました。

豊かな人は豊かな人と豊かな空間で過ごすことで、さらなる豊かさを引き寄せることに気づかされたのは、このときでした。

Ｋａｔｅは私の前でも一切気取ることなく、気さくに会話を続けます。

そんな彼女に私はますます惹かれました。私はその空間に酔いしれ、彼女が話す綺麗な英語と声のトーンが心地よく、なんだか不思議な感覚になっていました。

すると、次の瞬間、Ｋａｔｅが驚くことを口にしたのです。

その言葉によって、私は飛び上がり、座っていた椅子から落ちそうになりました。

なんとロンドンのハートチャクラだった

「ねえ、Ｍｏｍｏｙｏ、龍って信じる？」

Ｋａｔｅは突然私にこう問いかけました。

そのころ、私はすでに日本で龍と一緒に少しずつ仕事をはじめていましたが、とても豊かな生活をしていたというわけではありません。

そしてＫａｔｅには、私が龍と一緒に仕事をしていることは一切伝えていませんでした。

「魔女狩り」「魔女の生き埋め」という言葉。あなたも耳にしたことがあるかもしれませんが、ヨーロッパに住む人なら誰でも耳にしているものでもあります。

人々が魔女の魔力を恐れ、生きたまま埋めてしまい魔女が、この世からいなくなったというのは有名な話。

おとぎ話のようでありながら、誰もが知っている魔女や、その魔女と一緒にいた龍の存在は、ヨーロッパではあまり良いイメージを持たれていません。私はその神話を知っていたこともあり、私が龍と仕事をしていることはＫａｔｅに話さなかったのです。

むしろどこかで、知られたくないとさえ思っていました。

しかし、Ｋａｔｅのほうから龍について話を振られ、驚くあまりどんな返事をしてよいかわからず、

「う、うん。なんか聞いたことあるかな」

と、内心、なんでこんな返事してしまったのだろうと、自分でも後悔しながらも、思わず答えてしまいました。

私は自分の龍に少し申し訳なく思いました。

そう答えてしまったのは、Ｋａｔｅに好かれたかったからだと、あとから気がついたのですが、Ｋａｔｅは、私のおどおどした様子には気づくことなく話をつづけました。

Ｋａｔｅ「ここはＣｈｅｌｓｅａよね。Ｃｈｅｌｓｅａはね、ロンドンのハートチャクラの役割をしているの。人にもハートチャクラがあるように、国や街にもハートチャクラといってその土地の中心というか、すべてが始まる根源となっている部分があるのよ。人の身体でいうと心臓のような役割ね。とても大切な役割を担当しているってことよ。なんとなくＣｈｅｌｓｅａは他の土地と

は少し違うのがわかる？　お店も繁盛しているし、豊かな人が暮らすところでもあるわよね。ハートチャクラはすべてのスタートとなるところよね。人はそのことを知らずとも、不思議と多くのビジネスマンや起業家はＣｈｅｌｓｅａに事務所を持ちたがるのよ」

Ｋａｔｅがいうように、たしかにＣｈｅｌｓｅａは、いつも経済的に潤っている土地です。

Ｋａｔｅ「でもね、その裏には秘密があるの。それはね、**Ｃｈｅｌｓｅａには龍が存在するってこと。龍がこの土地を守っているから、こんなに良い氣が存在するんじゃないかといわれているのよ。**ビートルズも大ヒットする前はＣｈｅｌｓｅａに稽古場があったのよ。他にも多くの大スターや成功者は、ここからスタートしているの。あなたにはＣｈｅｌｓｅａの龍が見えるかしらね？」

白い龍の驚くべきパワー

思い出すことでもたらされる

私はロンドンに住みはじめた最初の頃から、Ｃｈｅｌｓｅａという土地が、一番大好きな土地でした。

世界中のお金持ちが住む場所でもあり、Ｋａｔｅがいうように多くのビジネスマンや起業家がオシャレで近代的なオフィスを構えています。

それでいて落ち着いていてどこか心地良い場所なのです。ここにくると、時間が優雅に流れている感じさえします。

上品で美しく街全体が華やかなのに、派手すぎず、優雅でエレガントです。

一歩足を踏み入れると、なんとも不思議な幸せ感に包まれるのです。

すでに龍との出会いを果たしていたにもかかわらず、私はＣｈｅｌｓｅａに龍が存在することには、まったく気がつきませんでした。

しかし、KateからChelseaに存在する龍のことを伝えられて、すぐに私はChelseaの土地の高い次元にチャネリングしてみました。

すると、真っ白で、とても美しい大きな龍に出会いました。

その龍はそこにただ存在しているという感覚を受けました。

あまりにも美しくて光が強く、長くは見ていることができませんでした。

しかし、一目で大ファンになってしまうような、なんとも魅力的で愛に溢れた龍でした。

私は一瞬で幸せな気持ちに包まれ、Chelseaの白い龍に感謝の気持ちが湧きました。

同時に自分の内側にある、かたい何かが溶けていく感覚を覚えました。

私は思いました。そうか、この街の魅力はChelseaの白い龍のパワーだったんだと——。

そして、人々がこんなにもこのChelseaという土地に魅了されるのは、この白い龍が放つエネルギーのせいなのだと——。

私はＣｈｅｌｓｅａの白い龍の存在に気づくことで、この街の魅力や、この土地がなぜこんなにも豊かなのか納得することができたのです。

Ｋａｔｅは、Ｃｈｅｌｓｅａの白い龍の存在に気づかせてくれただけではなく、龍についてとてもおもしろいことを話しはじめました。

準備しておく!?

Ｋａｔｅ「龍は人々のハートチャクラを開く役割をするのよ。龍が魔女と一緒に封印されたとき、人間のハートチャクラも一緒に閉じてしまったの。地球を見守る宇宙の高次元の存在が怒ってそうしたのよ。龍を粗末に扱った罰ともいえるわね。今、人々は『本当の自分』に戻るときがきているわ。そうでなければ本当の幸せを感じることができない。ハートが閉じたまま生きるということは、誰ともつながりを感じることもできないし、もちろん私たちの故郷である宇宙の根源ともつながれない。つまり、何をしていても自信のなさや孤独感がつきまとうものよ。人々も龍の存在を思い出すことができれば、人間も本当の自分を思い出すことができるし、再びハートを開いて生きることができるわ。今日はそれをあなたに伝えたくて、ここに呼んだのよ」

こんな言葉を放ち、彼女は再び満面の笑みで私を見つめました。

大きく茶色い彼女の目の奥には不思議な世界が広がっていて、とても神秘的でした。目の奥を長く見つめていると、その世界の中に吸い込まれそうになりました。

さらに彼女は、なぜヒーラーになったのか、それからヒーラーになるまでにどのような苦しみを味わったのか、など自分の話もたくさんしてくれました。

そして、私自身が、これからイギリスでも世界中でもきっと有名になるから、その準備をしておきなさいということ。

また、この世界がこれからどうなっていくといいのか、などＫａｔｅは、その日、数時間かけていろいろな話を私に聞かせてくれたのです。

別れ際にハグをしたら、Ｋａｔｅの髪の色とまったく同じ色をした龍が彼女のガイドとして存在しているのがわかりました。

信じられないような人生の好転が！

ワクワクしてじっとしていられない

当時、イギリスで私のことを知っている人はほとんどいませんでしたが、彼女に会って、Ｃｈｅｌｓｅａの白い龍を見てからというもの、信じられないほど仕事が舞い込むようになりました。

ここで種明かしをしますと、そのとき私はすでに「本当の自分」というものについて、わかりかけていました。**しかし、今考えるとそれはまだまだ不十分だったのです。**

彼女と白い龍に出会う前の私は、私が活動できる拠点は母国である日本だけだという強い思い込みにとらわれていたのですが、なぜかあの日以来、その思い込みがすーっと溶けていくように私の頭の中から消えたのです。

これは先ほど申し上げた、自分の内側にある、何かだったのかもしれません。

その代わりに私の内側から、眠っていた感覚が目覚めたかのように、イギリスでも多くの人を幸せにする助けができることをイメージするだけでワクワクし、じっとしていられなくなりました。

もっと自然に、もっと自由に無限の可能性が本当の自分にはある——そう感じたのです。

すると、次々にどこからともなく、私の仕事を手伝いたいという人が目の前に現れはじめ、私はイギリスでも一気に忙しくなりました。

ヨーロッパでは龍がよく思われていないのだからと、それまで躊躇していた龍と一緒に行うセミナーやセッションもやってみようという気持ちが高まりはじめました。

そして、実際に開催してみると、イギリスで龍は大人気となりました。

セミナーやセッションに来てくれた多くの人が龍とつながれるようになり、「龍って素晴しいパワーを持っているのね！」と誰1人龍を悪くいう人は現れず、なかにはたった一度のセッションで、龍と暮らしていた頃の記憶を思い出した人も出てきました。

そして、龍とつながってみたいと積極的にいってくれる人も増えました。

龍とつながった人は皆、龍に対する感謝で満たされます。

私はＫａｔｅとあの白い龍に出会ったおかげで、日本だけではなくイギリスでも大忙しに活躍するようになったのです。

私はいま、かつての自分では信じられないほど、豊かな毎日を送っています。

それは、Ｋａｔｅとの出会いであり、白い龍との出会いが私の中にあった無限の可能性を目覚めさせてくれたからといっても過言ではないでしょう。

Ｃｈｅｌｓｅａにも、たびたび仕事で呼ばれるようになりました。

そのたびにあの白い龍が私を出迎えてくれます。

人生のガイド役が教えてくれること

ここまでいかがでしたでしょう。この話をただのおとぎ話のようにとらえた方も、もしかしたら、いらっしゃるかもしれません。

しかし、信じられないかもしれませんが、これらは私が体験した実際の出来事なのです。

龍とつながることで、龍は私たちに、「本当の自分」を取り戻させてくれます。

龍は、そのための人生のガイド役なのです。

人生をかけてまるでタマネギの皮を剥いていくかのように、深く内側にある記憶をさかのぼっていき、より深く、本当の自分、つまり、真の自分に到達したとき、私たちは本当の豊かさを手にすることができるのです。

なぜなら、本来の私たちの存在はすでに豊かだからです。

私は、あなたが龍の存在を思い出すことで、本当の自分、そして真の豊かさを取り戻すことができると思っています。

それは私の身に起こったことと、まったく同じように――。そしてＫａｔｅがまるで犬を連れて歩いているかのように、自然と龍と過ごす日があなたにも必ず訪れるのです。

次章からは、龍についてのさらにくわしい話と、あなた自身が龍を人生のガイドとし、豊かに生きられるようになるためのヒントをお届けしたいと思います。

ご準備はできましたか。

それではさっそくスタートしましょう。

1章

龍と“本当”につながる方法 ①

人生における
「真の豊かさ」とは何かを知る

龍の正体とは一体どんなものなのか

必ずあなたの中にある

この章では、さらにくわしく、龍とは一体何者なのかということについて、お話ししていきます。

あなたが龍をより深く理解することで、龍も人々もお互いに心を開き、つながりやすくなります。

そして龍とつながることで、私たちは本当の幸せに目覚めることができるのです。

プロローグで申し上げた「本当の自分」――。

あなたはまだ、「本当の自分」という封印された記憶に目覚めていないかもしれません。

しかし、龍は必ずあなたの「記憶」の中にいます。

もちろん龍と縁が深い人、そうでない人がいますが、この本をお手にとられたということは、きっとあなたは龍との縁が深いのでしょう。

私が龍について話を進めていく中で、胸の辺りがサワサワしはじめたり、または悲しくもないのに涙がこぼれるかもしれません。

それは、あなたの中に封印された龍の記憶が、再びよみがえりはじめるからです。

実際、龍にまつわる伝説が日本には、たくさんあります。神社に行くとそこら中に龍の形をしたものを目にします。

龍は実在していました。そして今も実在しています。

しかしまだ、あなたは再会する準備ができていません。

実在している龍に出会うためには、あなたがある程度、「本当の自分」を思い出す必要があります。

龍は私たちに「本当の自分」を思い出させるため、人間の意識次元より少し高い次元から、私たちの意識を少しずつ引き上げてくれます。

次元という言葉を耳にされた方もいらっしゃるかもしれませんが、ここで出てくる次元とは意識のレベルのことを指します。

意識にはさまざまなレベルが存在するわけです。数字が大きい次元ほど、愛に溢れた意識が存在します。

今現在は、龍の意識のほうが人間の私たちが通常存在させている意識の次元より高いところにあります。つまりは龍の意識のほうがより愛に溢れているということです。

多くの人々の意識は3次元に存在しています。

そして本当の自分に目覚めはじめた人は7次元の意識に移行しはじめているのです。

別の次元に意識が存在するものを、肉眼で見ることはできません。

人間が龍を見ることができないのも、龍が存在する次元と私たちが存在する次元が違っているからなのです。

龍の願いは、私たちに人間と龍が一緒に暮らしていた記憶をよみがえらせることです。

なぜなら私たち人間が龍と暮らしていたとき、人間の意識がもう少し高い次元に存在していたからです。

そしてそのとき、人間はもっと幸せだったのです。

龍は私たちとまた一緒に暮らせる日を楽しみにしています。
それは龍の望みでもあり、宇宙全体の望みでもあるのです。

自分のためだけではない

本当の自分である私たちは、深い意識で皆つながっています。潜在意識よりも、もっと奥深い意識があるとすれば、そこでつながっています。

意識の根源は一つなのです。それは記憶がなくともご自身の感覚の中に潜んでいます。

少しずつその感覚を自分の中で強めていくと、自然と幸せな気持ちが湧きはじめ、自分に自信が湧いてくるのです。

そして、「本当の自分」とは、常に宇宙の根源とつながっていて愛に溢れています。

あらゆる状況や環境とはまったく関係なく、いつなんどきでも幸せな感覚を持っています。

私たちの不幸の始まりは頭の中につくり上げた、本当の自分ではない自分を「本当の自分」だと思い込んでしまっていることです。

利己的でわがままなエゴの自分でいる場合、宇宙の根源である〝愛〟から意識が分離しています。

このエゴを見抜き、真の自分に気づいていくことが私たちの人生の本当の目的です。

人生は、自分のエゴに気づかされるような出来事が起こるようになっています。

数年前、私はロンドンで泥棒に入られ、家の中にあったものがすべて取られてしまったことがありました。

なかには高価な時計やアクセサリーもあり、被害総額は結構なものになったのですが、そのとき私が思ったのは、とにかく家族が無事で良かったということ。

ロンドンは泥棒に遭遇し、暴力をふるわれてしまうなどという事件が結構あります。

私は、泥棒に入られたことで、家族への強い愛を感じている本当の自分に出会いました。

普段の私も、もちろん家族を大切に思っていますが、このときは、その気持ちだけが浮き彫りになって普段とは比べものにならないほど、家族への愛が感じられたのです。

また、いつも大切にしていて取られてしまった時計やアクセサリーには、何の執着もない自分にも出会いました。

泥棒に入られる前の私はそうではなく、物にも、とても執着があるタイプでした。

しかしこの事件以来、あまりショッピングに行きたいと思うこともなくなり、物への執着もすっかりなくなってしまいました。

つまりこっちの私が本当の私であるわけです。

このように、一見、泥棒に入られるというような、良くないこととされるような出来事も、遭遇してみると本当の自分に出会える場合があります。

出来事があるから本当の自分が見つけられるのです。

そして私たちは愛に触れると、より「本当の自分」を思い出しやすくなります。そこで、大きな愛のエネルギーで目を覚まさせてくれるのが龍です。

龍と暮らしていた頃の私たち人間の意識次元は、もっと高く、自分たちへの愛に溢れていました。人々はもっと自分を愛していたということです。

それは何百年も前のことでしょう。もしかすると、千年以上前のことかもしれません。

本来、私たちは自分への愛が感じられなければ、人生をうまく生きることができないものです。

それは、愛が私たちの生きるエネルギーとなっているからなのですが……。人々が龍と一緒だった頃は、根源から沸き上がってくる愛をもっと感じられる次元にいました。

一方で、殺人事件や自殺、悲しい事件が起きてしまうのは、人々が本来の生きる目的を忘れてしまい、根源の愛からも完全に切り離され、もの凄い孤独を味わうためです。

人は孤独に耐えられなくなると、妄想がふくれあがります。

すると、その妄想で他人を実際に傷つけてしまうのです。

殺人や自殺は孤独を感じたときの究極な例ですが、あなたも普段生活しながら、なぜか理由がわからないけど孤独だったり、誰と話をしていても何かつながれない感じがしたことがよくあるのではないでしょうか。

または、いつも自分に自信が持てず、出来事を悪い方向にとらえてしまう、ということに心当たりはありませんか？

龍は、そんな宇宙とのつながりと分離してしまった私たちに、内なる本当の愛を思い出させてくれる存在でもあります。

龍とつながることで、私たちの意識次元も龍が存在する7次元まで少しずつ上昇します。

私たちが龍と再会できるということ、つまりそれは私たち人間の意識が上昇し、私たちが7次元に到達するということです。

それは人間にとっても龍にとっても地球にとっても、喜ばしいことなのです。

人々が本当の自分を思い出し、意識の次元を上昇させることを、宇宙の存在たちも今か今かと待ち望んでいます。

それが宇宙のためであり、地球のためであり、私たちのためだからです。

繰り返しますが、私たちは根源でつながっている1つの存在――。

そして龍は私たちの意識次元を引き上げるために働く、最も私たちに近い次元の宇宙の存在なのです。

つながると引き寄せが起こるワケ

引っ越すたびに大きな家になっていく!?

さて、龍にはもう1つ不思議な能力があります。

それは、龍が私たちの内なる豊かさ、真の豊かさを呼び覚ますということです。

私たちが眠らせている意識の中には、豊かな感覚というものがあります。

一生懸命お金を稼ぐために考えて生きる。これも豊かになるための1つの手段です。

しかし、自分の内なる豊かさを取り戻すことができれば、あなたに見合ったものが引き寄せられてくるのです。


実際に私は、本当の自分の中にある、内なる豊かさに目覚め、収入が4倍以上になりま

した。

私は、それを意図した記憶もありません。

ただ龍によって目覚めが起き、自分の意識が開花していくにつれ、人生がどんどん豊かになる方向に流れはじめたのです。

気がつくと、私はこの8年間で5回も引っ越しをしていました。もちろん引っ越しをすることに家が大きくなりました。

しかし、それすらも意図したわけではありません。いつも何か事件が起きて引っ越しせざるを得ない状況がやってくるのです。

そして新しく住む場所を探すと必ず以前より大きな家に出会います。

トントンと話が進んで新しい家が決まってしまうのです。

おもしろいことに、新しい家を契約するときには、いつもそれだけを支払える経済力がありません。

でもなぜか契約ができてしまって、その家に引っ越してしまうのです。

イギリスのロンドンという街は外国人の移民も多く、家を借りるときの契約は厳しく収入の査定が入ります。

絶対にその審査に落ちるはずなのに、小さくて家賃が安いところから審査に落ち、その中で一番大きくて家賃が高いところの審査が通ってしまうのです。

その流れは不思議なようでもあり、そうなることになっていたような気もいたします。


これが真の豊かさですね。

そこには大きな家に住めることを知っている自分がいます。そして引っ越しをした後は、これまでよりも必ず大きな仕事が舞い込んできます。気がつくと収入が増えているのです。

勝手にやってくる

これもまた不思議な感覚なのですが、私はほしいものが昔ほどありあまりありません。

それなのに昔よりもなんでも手に入ってしまうのです。手に入るというよりは向こうからこちら側に向かってやってくるような感覚です。

すべてがここにある。そういった感覚です。

だから本当に私の元にきてしまいます。

私が強く「あれがほしい！」と思わなくても、必要であれば向こうからやってくるだろうとわかってしまうのです。

龍が私と一緒に仕事をするようになってから、私に伝えてくれたことがあります。

それは、

「人々は本来豊かさを知っている存在」ということでした。

私たちが人生をかけて、さらに深く真の自分へと目覚めることができれば、人生は勝手に豊かさに芽生えるということです。

内なる私たちは、本当はすべてを持っているのです。手に入らないものなんて何もなく、そのかわりに逆にほしいものも本当はありません。

この感覚を取り戻すと、逆になんでも手に入ってしまいます。

ただ、なんでも手に入れるために龍を使うのではないのです。

その感覚を思い出すために、龍が存在するということです。

なんでも手に入れたいというのは、愛に枯渇したエゴの意識。愛が枯渇すればするほど、逆に私たちは多くのものを欲するようになります。
ショッピングやアルコール、ＳＥＸ、薬、これらへ依存も同じです。
そして愛は自分の内側に眠った意識であり、感覚です。
これを思い出すことで内側から満たされていきます。
すると、人生に必要な出来事や物事は、向こうから流れ込んでくるのです。

龍と私の出会い①

懐かしい自分がそこにいる

ここで、龍と私との出会いについてお話しすることにしましょう。

龍が私に話しかけてきてくれたのは今から約9年ほど前――。

「はじめに」でお話しした、あの龍のことです。

最初話しかけられたときは、明らかに、この世には存在していない宇宙の何者かに話しかけられているという感覚がありました。

しかし、そのときはその声の正体が龍だとは、気づくことができなかったわけです。

龍は最初、自分が龍であるということを私に知らせるのではなく、私が本来持っている能力を目覚めさせました。

これは私がSpiritual Anatomy®と呼んでいるものです。

Spiritual Anatomy®は人を癒し、ご自身が持っている、もともとの愛を内側から蘇らせるというものです。

それは目には見えないエネルギーレベルで行うため、ヒーリングのようでもあり、魔法のようでもあります。くわしくは私の著書『Power of Love』（ナチュラルスピリット）をご参照ください。


私は何かに導かれるかのように、Spiritual Anatomy®というツールを使って、人々を癒し、真の愛に目覚めさせるという活動をするようになったわけです。

この活動は、私の人生を180度がらりと変えてしまいました。


ひと言でいうと、私は人を目覚めさせる一方で、自分自身も「本当の自分」への目覚めがさらに深まっていったわけです。

そのときのことを今でもよく覚えています。

毎日毎日、忘れていた「本当の自分」についての記憶が1つ、また1つと思い出されていくのです。

その自分とは、自分という存在を心底愛していて、起こる出来事に関係なく、人生そのものが愛おしいという感覚でした。

しかし、それでいて、人生へのこだわりやこれは自分の性格だから変えることができないと思っていた思い込みが消えていくのです。

自分を思い出せば思い出すほど、自分が消えていく感じなのです。

とても不思議な時間でした。

「本当の自分」を思い出すにつれ、内側から沸き上がる愛に包まれ、とても幸せで、それでいてどこか懐かしい気持ちにもなりました。

意思と違うところで動いている

その体験を繰り返しながら、1年ほど経った頃には私の置かれている環境や状況が、1年前とはすっかりと変わってしまっていました。

主婦で子育てをしていた私は、毎日大忙しに活動するようになっていました。

子育てを通してできるママ友がほとんどだった友人関係も、気がつくと、周りにはアーティストや起業家の知り合いが増えており、自然と住む世界が広がっていたのです。

他にもたくさん不思議なことが起こりました。

当時住んでいたアパートの大家さんに、そのアパートを売りに出すのでどこか他へ引っ越してほしいと突然いわれ、私たちはやむをえず他のアパートを探すことになったのですが、次に引っ越した先はイギリスのお金持ちの子どもが通う私立の小学校の隣りでした。

そこの学校に通うご家庭は非常に豊かで、私たちの当時の生活レベルとは程遠いものでした。

それなのに、隣りに住むならぜひ入学試験だけでも受けてみたらいいよ、と別々の友人3人から同時期に助言をされ、冷やかしに試験だけ受けさせてみることにしたのです。

すると娘はあっさりと試験に合格してしまいました。

とても私立に通わせるほどの経済力などなかった私たちなのに、気がつくと合格発表の日に願書にサインをし、娘はその私立の小学校に入学する運びとなったのです。

その流れはあまりにもスムーズでした。

学費が払えなくなれば公立へ通わせればいいんだし、私立に通わせるなんて良い経験だという、とても軽い気持ちでその私立に通わせることにしたのです。

ところが、驚いたことに翌月から私の仕事はさらに忙しくなり、学費とピッタリの収入が入ってくるようになりました。


その頃からでしょうか。「自分の意思とは関係ないところで人生が動いている」と、気がつきはじめたのです。


何者かに人生を導かれ、私はその道をただ通り過ぎているような感覚になっていったのです。

一体誰なんだろう。

私の人生を操る存在がいる。

そう感じるようになり、その妙な感覚はしばらく続きました。

龍と私の出会い②

意識がはっきりしているのに……

そんな感覚を抱いたまま半年が過ぎようとしていました。

私は娘を連れて日本に戻りました。

それは、仕事を兼ねた里帰りだったのですが、娘が母に連れられ近くの公園に出かけていたある日のことです。

私は時差ぼけと戦いながら、数日続いた仕事に少し疲れを感じ、ソファに座りぼんやりとしていました。

すると突然煙のようなものが、ふわっと顔に当たったような気がしました。

きっと疲れているんだなと思いながらも、ソファに横になりましたが、次の瞬間身体が燃えるほど、熱く感じたのです。背中を押されたようでもありました。

その熱いエネルギーは私の身体の中を勢いよく、くぐり抜けました。


そして次の瞬間何やら映像が見えはじめたのです。

それは確実に夢ではないことがわかりました。

なぜなら意識がハッキリとしているからです。


見えてくる映像はとても綺麗な水が流れる川があり、虹色の光が差し込んでいる美しい光景です。

最初はテレビのスクリーンをのぞき込むような感覚だったのに、次第に身体ごと、その世界に吸い込まれました。

その世界に人はいません。

地球にとてもよく似ていましたが、そこは地球ではなく違う惑星であるということが、なぜかそのときの私にはわかりました。

妖精のような存在が光を放ちながら飛び回っていました。そこにある草木や花はすべて光り輝いていました。

私はとても気持ちが良くて、自然の光や空気を全身で感じました。

地球もこんなふうに綺麗な時代があったのかもしれない……。

そう思いました。

そして空を見上げると、そこら中に色鮮やかな龍が楽しそうに飛び回っているのです。

私は龍を見ても驚くこともなく、龍が飛び回るその光景が、とても自然で美しいと感じ、とても懐かしい気持ちになりました。

そこは龍の国なんだとわかりました。

龍の国はあまりにも美しく、私はここに住みたいと思う感覚さえ沸き上がってきました。

すると1匹の龍が私に近づいてきました。

とっても鮮やかな虹色の龍でした。

色の1色1色が光り輝いていて、龍が身体を動かすたびに色が変わるのです。

私はその龍を見て、美しいな、地球には存在しない色だなと思いました。

すると、その虹色の龍がいいました。


虹色の龍「ももちゃん、きてくれてありがとう。でも早く地球に帰らないと駄目だよ。

早くもう戻って」

その虹色の龍の声にはとっても聞き覚えがありました。

その声は、私がまだ本当の自分に目覚める前、苦しくて仕方がなかったとき、私に何度も大丈夫だからと語りかけてくれていた、あの宇宙の何者かの存在の声と同じ声だったのです。

そのとき初めてわかりました。

あのとき、私に語りかけてくれていた宇宙の何者かの存在は、この虹色の龍だったんだと。

早く地球に戻ってといわれた私は何故か、「嫌だ！」と泣きわめきました。

「ここに住みたいの！」と小さい子どものように駄々をこねました。

龍の国にきた私は、なぜか龍になりたいという気持ちで、いっぱいになってしまったのです。

すると、どこからか大きな声で私を呼ぶ声が聞こえてきました。

「ももちゃんっ！　ももちゃん起きなさいっ！」

その声は母の声でした。その声ではっと目が覚めました。

母が娘を連れて帰ってきたところ、私がソファに倒れていて、呼んでみたら全然意識がないから気絶していると思って大声で何度も叫んでいたそうです。

あまりにも起きないので、もう少しで救急車を呼ぶところだったといわれました。

母の焦る顔を見ても、なんだかまだリアルに感じることができず私の気持ちはまだ龍の国にありました。

あそこに戻りたい、もう一度眠りについたら、あの国に戻れるんだろうか、どうやってあそこに行くことができたんだろう。

そのことばかり考えていました。すると背後からまた私を呼ぶ声が聞こえます。

「ももちゃん、ももちゃん」

私は混乱しました。龍の国で聞こえてきた声と同じ声がするからです。

恐る恐る振り向くと、透明で雲のように白い龍がいました。私はとっても驚きました。

娘と母が近くにいたので、変に思われないように、私はすぐに2階の自分の部屋に移動しました。

そして私はその半透明で白い雲のような龍に聞きました。

私「もしかしてあなたの本当の姿は虹色の龍？　だとするとなぜ今は半透明なの？」

龍「僕の身体は龍の国にあるんだ。さっき君がきてくれたあの国だよ。ここは3次元で龍の国はもっと高い次元に存在する。僕は3次元に身体ごと入ってくることができないんだ。さっき龍の国に遊びにきてくれたときの君は、意識の次元がものすごく高いところに存在することができていたんだ」

心穏やかで愛が溢れる世界

私「じゃあ、私が見ている今のあなたはどこにいるの？　3次元じゃないの？」

龍「うーん、説明するのが難しいな。ここに僕はいるんだけれどいないんだ。意識だけが君と3次元でつながっている。君の今の意識が上昇すれば、もう少しハッキリと僕の身体も見えるようになるよ」

私「じゃあ、今は映写機で映し出されているような感じ？」

龍「まあ、そんな感じかな。この地球も、人間と龍が共存していた頃は次元が高く、そして空気も水も、もっと綺麗だったんだけれどね」

私「そっか。私が小さい頃でさえ、今程地球は汚染されていなかった気がする。ねえ、地球の汚染と次元って関係ある？」

龍「とっても深く関係があるよ。人間の意識次元が上昇すれば地球も、もっともっと本来の美しい姿を取り戻す。地球と人々の意識はつながっているからね。そして、僕たち龍は綺麗な空気のところにしか身体を置くことができないんだ。もっと愛が多い世界は空気にも愛があるんだよ。龍の肉体は人の身体よりも波動が高いんだ。つまり人よりも繊細に身体ができているってことでね。だから空気による汚染も、人よりも何百倍も速いんだ。もし地球に身体ごと置いてしまうと身体がすぐに駄目になってしまう」

私は幼き頃の遠い記憶を思い出しました。

その頃、龍と出会い、幸せな時を過ごし体感した、あの光り輝いた龍の国を思い出し、彼の話がとても納得できました。日本の山奥や美しいとされている場所の何百倍も龍の国は美しく、光の量が多かったのです。

私があのとき、龍になりたいと強く思ってしまったのは、あの龍の国の美しさの魔力だったのです。

そのときの私は、愛に溢れたなんともいえない幸せを感じていました。

龍はそんな私の様子を見て、誇らしげな表情をして消えてしまいました。

その瞬間、私がイギリスのロンドンで子育てをしていた頃に、私の能力を目覚めさせ、私がさらに深く目覚められるよう人生を導いてくれていたのが、あの虹色の龍だったということがなぜかはっきりとわかりました。

同時に、それは幼き頃出会った虹色の龍との再会でもありました。

こうして私は龍と共に生きる人生を、新たにスタートさせることになったのです。

実は愛の充電器だった

こんなエネルギーを送ってくれる

さて、ここまでの話で、龍が一生懸命に、私たちとかかわろうとしてくれているというイメージをつかんでいただけましたでしょうか？

私たちの本当の幸せとは、先ほども申し上げた、孤独や愛に枯渇した意識ではなく、その意識のもっと深いところに存在する本当の自分に気づき、その意識に目覚めることです。説明するのは簡単ですが、これは体感するまでは本当に理解するのは難しいですよね。たとえば、これは、眼鏡をかけている人が眼鏡をどこに置いたか探している状態によく似ています。

眼鏡があまりにも自分の一部と化してしまっているために、眼鏡をかけているその目で眼鏡を探してしまうことと、幸せがもうすでに自分の内側にあるのに、幸せになろうと一生懸命外側に幸せを探しつづけてしまうことと少し似ているということです。

まだあなたは気づいていないかもしれませんが、龍は私たちの内側に、すでにあった愛に気づかせるために、私たちの内側に眠る宇宙の根源とつながっている意識を目覚めさせようとメッセージを送ったりするなどして、一生懸命働いてくれているのです。


たとえば、こんな経験はありませんか。


とても辛い出来事が起きたときや、もう無理だと落胆しているとき、「絶対に大丈夫。本当は大丈夫なこと知っているよね」という声が胸の奥の内側から聞こえたり……。

とっても悩んで決めたのに、結果うまくいかず、その決断に後悔してしまったとしたとき、「大丈夫、結果じゃないよね。大切なのは自分で決めたってこと」というような声が聞こえてきたり……。

自分が変わらなきゃ、今の状況をなんとか変えなきゃ、と焦っているときに、「焦らないで自分を感じてごらんよ」というような声が聞こえたような気がする……。

このように、何か聞こえたような、でも気のせいだったような、というように、はっきりとではなく、どこからともなく聞こえてくる声が龍からのメッセージです。

龍からのメッセージ内容や、聞こえてくるタイミングはさまざまですが、龍はいつも本当のあなたとつながれるようなメッセージを送りつづけてくれています。

でも、「そんな感覚なんて今まで体験したことない」という方も多いことでしょう。

ご安心ください。このあとのワークをすることで、こういった体験ができるようになります。今は、こういったことが現実にあるということを、ご理解いただくだけでOKですので、このままさらに読み進めてくださいね。

龍が私たちにしてくれる中で最も大きな仕事は、〝愛〟というエネルギーを送ってくれること。

もともと波動が高い龍というのは、私たち人に比べると愛のエネルギーをたくさん持った存在ですから、龍に触れるだけで、私たちは内なる愛を思い出すことができるわけです。

龍が私に伝えてくれたことがあります。それは、
「このままでは人々は、ずっと真の愛に目覚めることができない」
というものでした。彼らはギスギスしている現代を憂えており、だから大急ぎで、人々の近くに現れようとしています。

彼らの持つ波動は人間よりも遥かに高く、愛に溢れています。

そのため、私達は龍に出会うことで、自分の内側にずっとあった愛に、気がつくことができるのです。

そして、私たちは、自分のことを愛しているという感覚があってこそ、人生を楽しむことができます。

たとえば、自分のことを愛していないと、自分を否定する思考がどんどん沸き上がってきてしまいますよね。

人からも何か悪口をいわれている気がしたり、自分は人から好かれていないのではないか、などという心配が沸き上がってきてしまうのは、私たちがエゴの人格に脳ごと乗っ取られているからなのです。

すると、今度は人目ばかりが気になり、漠然と、正解や答えを探しはじめます。

本当は自分が何をしたかったのか？　という自分の意思を忘れてしまうのです。

自分の人生なのに、自分からどんどんかけ離れてしまうのです。

これは究極の不幸です。

瞑想しなくても降り注ぐ

もしも龍とつながることができれば、龍は一生懸命24時間休むことなく、あなたに愛のエネルギーを注ぎはじめるでしょう。

でも、それは龍に愛されるということではなく、龍から注がれるその愛のエネルギーに触れ、私たちが自分自身の内側から沸き上がっている真の愛に、気づくことでもあります。

どんなに自分のことが嫌いな人でも、どんなに自分に自信が持てない人でも、必ず内側からの真の愛に目覚めることができるようになります。


先ほど自分のことを否定する思考についてお話ししましたが、別の切り口からもう1つお話ししましょう。

私たちが本当の愛に気づけないとき、私たちの意識は過去の記憶にとらわれています。

過去に自分が認められなかったことがあったり、愛されなかったと感じてしまうような出来事があったり……。

そういった場合に、私たちはそれがトラウマとなり、無意識にずっと引きずってしまいます。

しかし、そんな人でも、龍の愛に触れたとき、過去の記憶から意識が解き放たれ内側から自信がみなぎり、人生にワクワクしはじめるのです。

龍に愛を注がれたとき、私たちの意識は瞑想状態になります。

私たちは昔からお経を唱えるなどして、瞑想をする習慣がありますが、そもそも、瞑想は何のためにするのでしょう。

私が思うに瞑想は、〝愛の充電〟のため。充電することにより本来の愛を取り戻すことができるのです。

昔の人はそのことを本能的に知っていたので、今よりも瞑想が習慣化されていたのです。

瞑想は難しいことではありません。

携帯電話が充電器につながると、充電されますよね。

それと同じように、私たち人間にもエネルギー源が存在します。そのエネルギー源である宇宙の根源につながると、愛が充電されるのです。

そして龍の素晴らしいところは、私たちが瞑想をしなくても、愛のエネルギーを降り注いでくれることです。

すると、私たちの意識状態として勝手に瞑想状態になるのです。もし瞑想できなくても龍が愛の充電器となってくれるわけです。

龍とつながることができると、いつも愛の充電が可能になるのです。

ここまでいかがでしたでしょう。

1章では、龍の正体について、そして彼らと豊かさや愛についてお話ししてきました。

次章からは、いよいよ具体的にどうしたら龍と出会いつながれるようになるのか、お話ししていくことにしましょう。

2章

龍と“本当”につながる方法 ②

「ハート」の感覚と
「愛」のエネルギーに気づく

龍から教わるハートの感覚

別次元にアクセスするための扉

ここまでお読みいただいたあなたは、それでは、どうしたら龍を感じることができるのか、つながることができるのか、「愛」のエネルギーを降り注いでもらえるようになるのか、早く教えてほしい、そうお思いのことでしょう。

お待たせしました。

ここで、いよいよその種明かしをすることにしましょう。

そのカギとなるもの――。それは「ハート」です。

愛も、龍も、本当の自分も、感じる先はハートです。ハートという言葉はあなたもよく耳にすることでしょうし、皆、それぞれ、ハートとはこういうものだというイメージもあるかと思います。

私が認識するハート。それは、「魔界への扉」です。

「魔界？　扉？　なんだか危険な香りがする」

そうお感じになられた方もいることでしょう。実際、魔界というと響きが少し怖いかもしれませんが、ここでいう魔界とは、この世ではない、別次元の世界へアクセスするための「扉」のことです。

申し上げたとおり、龍は人間とは別の次元に存在します。

ですから肉眼で見ることができないわけです。

しかし、ハートを開き、別次元に自分を存在させることができれば、龍をリアルに感じることができます。

龍だけではなく、エンジェルや高次元の存在に出会うには、自分の胸の当たりに存在するハートという魔界の扉を開かなければなりません。

そして、一番大切なのが、本当の自分に出会うのも、実はこのハートという魔界の扉を開くことがまず初めのステップでもあるわけです。

しかし、ハートという扉を開くには、あるものが必要なのです。

「開けごまっ」という呪文ではありません。

ここでも必要なのが愛のエネルギーです。


私たちはハートを開こうと思っても開けるわけではないのです。


実際、ハートを開くメリットはたくさんあります。

ハートを開けば開くほど、私たちは「本当の自分の感覚」を思い出すことができます。

本当の自分の感覚とは、ずっと今この瞬間に存在しますが、その感覚を持っていないと、私たちの思考は、すぐ過去の記憶にアクセスしてしまいます。

前章でお話しした、本当の愛に気づけないと、意識が過去にとらわれていくことと同じように、「本当の自分の感覚」を持っていないで、過去の記憶にアクセスすると、今度は、過去の記憶を元に未来に不安を抱きます。

こうして私たちは本当の自分ではない、単なる思考、マインドというものに1日中振り回されることになるわけです。

大喜びでやってきてくれる

ハートを開くことで、私たちは真の愛を感じることができます。
本当の存在である魂の感覚でいられるのです。

そして人間よりも高い波動を持つ宇宙のさまざまな存在に出会えるのも、ハートを開いているときです。

私たちの幸せは、本当の自分の感覚のままで生きられること。思考に四六時中振り回され、あれやこれや考えて心配しながら暮らすことではありません。

本当の自分とは、宇宙の根源とのつながりを、いつも感じていて、自信と愛にみなぎっています。

どんな人生をも経験ととらえ、楽しむ覚悟でいます。

ですから、苦しいときでさえ、本当の自分というのは、それを乗り越えるという経験をありがたいと感じているのです。

本当の自分は目覚めるまで、頭で理解することはできません。

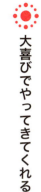

これは自然とできるものであり、理解したりするものではないからです。

そして私たちがこの本当の自分に気づけるのも、ハートという扉が開いたときです。

現在、私は定期的に龍のセミナーを行っています。

これは、龍を会場に招待するというとってもユニークなセミナーなのですが、私が招待すると、龍は大喜びで会場に遊びにきてくれます。

部屋中を飛び回って、存在をアピールします。しかしそのとき、龍はただ私たちと遊び廻っているわけではないのです。

龍は龍で一生懸命愛のエネルギーを降り注ぎ、私たちのハートを開くことに集中しています。

そのけなげな姿は愛そのもので、龍のセミナーをやるたびに、私自身も深い愛に包まれ自分のハートが全開していくのを感じることができます。

龍が降り注ぐ愛によって、私たちのハートは開かれます。そしてとてもおもしろいことに、私たちは一度ハートを開くと、その感覚を忘れることができません。

それはとても良いことなのです。

私たちはハートが開くという感覚を体感してこそ、またあの感覚に戻りたいと思えるようになるからです。

ハートを開きましょうといわれて努力するのではなく、開いている感覚を体感し、それを身体と脳が記憶することで、また開くようになります。

龍はそのことを知っているため、一生懸命私たちにハートの感覚を伝えようと、愛を注いでくれるわけです。

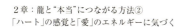

人々を美しく生まれ変わらせる

魂の契約を結ぶ

ハートが開いた感覚を記憶した私たちというのは、不思議と、その感覚に戻ろうとしはじめます。

これまで頭で物事を考え、計画的に人生を進めていた人などでも、1度ハートが開いた感覚を体感すると、頭ではなくハートが開いた感覚に従って生きるようになります。

私は龍のセミナー以外に、龍と人をつなげるアチューメントという、とても特殊なことをします。

このワークは龍が降りてきて、私たちと出会うことができる7次元ではなく、それよりも、もっと高い13次元に存在する龍と3次元に存在する人々の意識をちょうど中間地点くらいでつなぎ合わせるワークです。

ちょっと嫌な言い方ですが、龍の魂とその方の魂の契約を結ぶのです。

契約を結んだ龍は、その方の一生ガイドとして生きるようになります。つながった龍はその方の一生を通して、どこまでも高い次元へとその方の意識を引き上げる役割をします。

ここで、ハートを開き龍とつながったことで、美しく生まれ変わった女性をご紹介することにしましょう。

私が龍のアチューメントワークをした、この女性はアチューメントをして半年後、見違えるほど美しくなって私の前に現れてくれました。

彼女は20代後半の女性で会社で事務の仕事をしていましたが、その仕事も会社も大嫌いだといいました。

しかし特にやりたいことも見つからず、そうかといって仕事を変える勇気もなく、毎日がおもしろくないと感じながらも会社勤めをしていましたが、そんな自分も好きになれなかったそうです。

地味な服装でお越しになり、その日も目立たないオーラをまとっていました。

しかし、目の奥をよく見てみると、本当は活発で社交的で明るいオーラの持ち主だと、すぐにわかりました。

彼女の人生のガイド役として13次元から降りてきてくれた龍は、鮮やかな黄色い龍で角度によっては黒く光るとっても魅力的で美しい龍でした。

私はこれまでに300人以上の方々を龍とおつなぎしてきました。

そのため、人と龍をつなげたあと、誰にどんな特徴の龍をおつなぎしたかなど、すべて忘れてしまうのです。

彼女は龍とつながって半年ほどしてから、私のセミナーに参加してくださいました。

「MOMOYOさんこんにちは！　お久しぶりです」

こんなふうに声をかけてくださったのですが、そのとき私は、「誰だっけ？　会ったことはあったかな？」と思ったものです。

なぜなら、彼女が見違えるほど美しくなっておられて、半年前に龍のアチューメントを受けにこられたときとは別人の見た目になっていたから。私には見覚えのない人だったのです。

ただ、私は彼女の後ろにいる龍になんとなく見覚えがありました。

そう、あの綺麗な黄色い龍です。

「どこかで見たことあるな、あの龍。そうか、私が13次元から呼んだ龍じゃない。ということは彼女にも会ったことがあるはず」

私の彼女への記憶がかすかに戻ってきました。

「随分と雰囲気が変わられましたね」

と、つい本音をいってしまいました。

私のその言葉を聞いた彼女は、待っていましたか、といわんばかりに口を開きました。

「ＭＯＭＯＹＯさん、半年前、龍とつなげてくださって本当にありがとうございます。私は龍に出会って、龍とつながり、人生が本当に変わりました」

こういったフィードバックを聞くと、私はワクワクします。

これが私のお仕事であり、私の生きる喜びでもあるからです。

そしてよかったら何があったのか、くわしく聞かせてほしい、と彼女にいったところ、さらに目を輝かせて嬉しそうに語りはじめてくれました。

人生ばかりではなく外見までもが！

龍とつなげてもらったあの日、なぜだかスキップして帰りたくなるほどワクワクが止まらなかったこと。本当の自分を体感するというのは、こういうことなのかなと思ったこと。

そして、なぜか子どもに戻ったように、はしゃぎたくなる感覚が身体から湧き上がってきて、その日はその感覚だけでとても楽しくなれたそうです。

いつも歩く駅からの帰り道なのに、歩いているだけですごく楽しくて、こうして道を自由に歩ける身体があることに、心から感謝の気持ちが湧いてきたといいます。


同時に、この先私はなんでもできる、という勇気のようなものを感じ、なぜこれまで好きでもない仕事を辞めることができなかったのか不思議に思えたとのこと。

条件や環境が整ってから何かをするのではなく、自分の感覚に従えば、行きたいところに行けるんだという自信が湧いてきたそうです。

そんなことをふつふつと考えていたところ、会社から電話がかかってきました。

その電話の主は、上司からで、2週間後に仕事を首になるという話です。

会社の経営がうまくいっておらず、今の部署がなくなるためでした。

数秒前までワクワクしていたけれど、さすがにショックで、これから何をすればいいのかもまったくわからないし、生活費をどうしようという不安がよぎったそうです。

そして翌日。

会社に行くと、退職金が自分が思っていた額よりはるかに多くて驚き、今後の生活に不安は残るものの、会社を辞めるきっかけをもらえたあげく予想以上の退職金まで、と、なんだかとてもラッキーなのではないかという気がしてきたそうです。

すると、昨日龍につなげてもらった後と同じようなワクワクする感覚が再び湧いてきたのです。

その感覚は、大嫌いだった会社も愛おしく感じさせ、これまで私の生活を支えてくれてありがとう、という感謝の気持ちさえ沸き上がらせたといいます。

会社にいる人たちも大嫌いだったのに、なぜかそのときはそこにいる会社の仲間にとてもありがとうをいいたい気持ちになったともいいます。

その後、彼女は、とんとん拍子に新しい職場が決まってしまいました。

なんと、自分の興味のある分野での会社に就職できたのです。

同じ事務の仕事ではありますが、自分の関心のある分野だったので、今では事務だけではなく資料作成、秘書業務のように仕事の幅が広がってきているそうです。

最後に彼女は、龍とつながったことで、内側から湧いてくる幸せ感のようなものを抱き、ただその感覚を楽しんでいただけなのに、次々と不思議なことが起こり、気がつくと、毎日とても充実した日を過ごせているといいました。

はじめのうちは龍の存在はよくわからないかもしれませんが、つながることで、自分の内側から沸き上がる感覚が明るくなりはじめます。

そこに喜びを感じ、恐れることなくハートを開ききってしまえば、龍は愛をもってその人の人生に介入しはじめます。

そして彼女のように、どんどんと自分を開花できる方向へと導いてくれるのです。

彼女はハートを開くことで、龍と出会い、人生ばかりか、見た目まで美しく変わっていきました。

これは彼女だけには限りません。皆、同じチャンスを持っています。

それが本来の姿でもあるからです。

3章

龍と“本当”につながる方法 ③

今まで気づかなかった「思い込み」を捨てる

「本当の自分」のもう1つの意味

分離していることがわからない

ここからは思考と魂、そして身体についてお話ししていきます。

なぜなら、これらは龍とつながるために、重要な要素であるからです。

それでは、さっそく、その秘密について明かしていきましょう。

ところで、これまで繰り返し申し上げてきた、「本当の自分」——。

これは言い換えると、スピリット（魂）のことでもあります。

最近では、よく聞かれる言葉でもありますが、ヨーロッパでは、「私たち人間にはスピリットが宿っており、スピリットの存在である」ということが、わりと当たり前のこととしてとらえられています。

宗教の違いにより、スピリットのとらえ方は、もちろん異なるようではありますが、総じて、このようにとらえられています。

ちなみに、私がＫａｔｅと出会ったフェスティバルの名前は、「マインド・ボディー・スピリット」といい、思考と身体と魂、この３つをつなごうというのがテーマになっているフェスティバルです。

これはロンドンやＮＹで行われるフェスティバルですが、ロンドンでは10年以上続いているお祭りで、毎年の来場者は２万人を超えます。

イギリスに住んでいる人だけではなく、スペインやドイツ、イタリアなどなどヨーロッパ各地から参加者がきて、毎年大にぎわいです。

それほど、ヨーロッパの人々は、思考（マインド）と身体（ボディー）と魂（スピリット）がつながることに、興味を持っています。

なぜなら、この３つがつながっていくことこそが本当の幸せなのだと、知っているからなのです。

これまで龍に出会うことで本当の自分に戻っていく、そしてそれが本当の幸せなのだとお伝えしてきました。

私たちの多くはマインド（思考）を本当の自分だと思い込んでいることで、スピリット

（魂）＝「本当の自分」と分離してしまっているのです。

宇宙の根源とのつながりを感じているのも、龍とつながれると知っているのも思考ではなくスピリットの私たちなのです。

私は以前、摂食障害になったことがありますが、あの頃は完全にマインドだけで生きていたからでもあります。

スピリットをまったく感じることができず、孤独の中に埋もれていたのです。

マインドというのは、スピリットとつながっていないと、どんどん孤独を感じはじめる特徴があります。

私の例だけではなく、これまで、たくさんのクライアントさんに出会ってきて、その方々を見させていただいても同じことがいえます。

フェスティバルのタイトルにあるように、マインドとボディーとスピリットがつながって、初めて私たちは人生を謳歌できるのです。

ボディーの話については、のちほどお伝えするとして、ここからは、マインドとスピリットについてお話ししていきましょう。

マインドとスピリットが切り離されている間というのは、まだ本当の人生がはじまっていない状態ともいえます。

マインドがスピリットと切り離されている場合というのは、生まれてきた目的なども、もちろん思い出せませんし、必死に孤独から逃げるために生きているのです。

私が龍に出会い、本当の自分を取り戻したのは、まさに私のマインドがスピリットとつながって愛を取り戻したからなのです。


そして龍は、私たちのマインドとスピリットをつなげる役割をしてくれるのです。

恋人に振られて立ち直れなかった女性

約2年ほど前に、恋人にフラれて立ち直れなかった女性が、龍とつなげてほしいと私のセッションを受けにきてくださったことがありました。

その女性は3か月付き合った恋人に別れを告げられ、非常に落ち込んでおられました。

失恋というのは誰にとっても辛いものですよね。

私も失恋は嫌いです。しなくてもすむのであればしたくはないものですね。

しかし、失恋とは実はマインドとスピリットが切り離されていることに、気がつく絶好のチャンスでもあるのです。

その女性も話を聞いていくと、マインドとスピリットが切り離され、マインドが孤独に怯えていることがわかりました。

恋人に別れを告げられたことも悲しいけれど、孤独になるのがすごく怖いと話してくれました。

恋人がいない生活はとても孤独で、何をしていても幸せな感じがしないともいいました。

そして恋人ができると人生がバラ色になるのだと。

たしかに恋というのは誰にとっても、幸せな時間を過ごせる行事の1つです。

しかし彼女のように、恋人がいるかいないかで人生が孤独からバラ色になるというのは、あまりにも恋愛や恋人に人生が左右されていますよね。


そして、この女性に降りてきた龍は薄い銀色に光る龍でした。

龍とつながった彼女は、その場に寝転がりました。

この様子は、私が龍に背中を押されたときに、よく似ていました。

目をつむったまま仰向けに気持ち良さそうに寝転がっておられました。

龍は龍特有の愛の波動で人々のハートを開くことができます。そして私が龍とその方をつなげることで龍はその方に愛を注ぎはじめるのです。

私がつなげた龍が彼女にも愛を注ぎ、彼女のハートが開くのがわかりました。

そして次に龍がその彼女のマインドとスピリットとをつなぐのです。

すると彼女の目からうっすらと涙がにじみ出しました。

私はその光景を見て、彼女はもう大丈夫、と思いました。

マインドとスピリットがつながったときというのは、多くの人がスピリットに出会えてほっとする感覚を味わい、同時に、これまで感じてきた孤独の苦しみから逃れられる感動で、涙を流されることが多いのです。

それはまるで迷子になった子どもが、お母さんに出会いほっとして泣き出すのに似ています。

これまで張りつめていた緊張感がほどけ、安心感と愛に包まれて涙が流れます。

マインドとスピリットが出会ったときの涙は独特で、見ているとわかります。

彼女が静かに涙を流した様子は、まさに孤独感で張りつめたマインドがスピリットに出会った瞬間を表していました。

30分ほど横たわっていた彼女はゆっくりと目を開けました。

そして、私の顔を見て驚いた様子でした。

彼女「あれ？　私、今どこにいるの？」

彼女は一瞬、今いる場所がわからない様子でした。

私の誘導により、ゆっくりと身体を起こした彼女でしたが、とてもぼんやりとされていました。

マインドがスピリットに出会うときというのは、マインドがハートの空間の旅に出るため、この次元に戻ってきたときには、彼女のように夢でも見ていたのかな？　というように一瞬現状がつかめないというような反応をされることが非常に多いのです。


ハートの空間はとても神秘的な空間です。

空間の中はクルクルと回転しています。そのためマインドがハートの空間の旅に出ると、皆さんの身体もクルクルと回転することがよくあります。

空間の中は愛のエネルギーに覆われたトンネルのようです。

ハートの空間に入ると、温かくお母さんのお腹の中にいるときの感覚と、とてもよく似ています。

彼女の反応から、深くハートの空間の旅に出られたことが見受けられました。

つまり、龍とつながるセッションは大成功だったのですが、つながった龍は、この先もまだまだ分離した彼女のマインドとスピリットをつなげる作業に入ります。

私は彼女とつながった龍に「彼女をお願いしますね！」と伝えて、その日のセッションは終わりにしました。

そして彼女には、「恋人がいる、いないかにかかわらず、幸せで満たされているご自身を楽しんでくださいね！」と伝えました。

彼女は、私からこのようなことをいわれたものの、そのときは半信半疑な様子でした。

マインドとスピリットが出会う道しるべ

今までの自分がウソのよう

セッションによって龍とつながった女性の話を、もう少し続けましょう。

数日後、彼女はメールをくれました。

「MOMOYOさん、先日は龍とつなげてくれてありがとうございました。

セッションの日、私はこれまでに体感したことがないような、不思議な経験をしました。

夢を見ているわけでもなく、眠っているわけでもなく、なんとも表現がしづらいのですが……。

セッションルームで寝転がっているとき、とても気持ちが良くて大きな安心感に包まれてなんだか泣けてきました。

あのセッションの後も、同じように大きな愛というか、安心感に包まれるような感じが、

1日に2度ほど起こるようになりました。

これは龍なのでしょうか？

これまでの私は、恋人がいないときは、寂しくて孤独で自分を感じることができず、存在している意味すらわからなかったのです。

誰かに好きだといってもらっていないと自分に自信が持てず、生きていても楽しくなかったのです。

だから、自分が好きでなくても好きだといってくれる人がいれば、お付き合いしました。

そして好きでもない人と付き合っているのに、その人にフラれてしまうと死ぬほど落ち込んだのです。

でも龍とつなげていただいてから、1人でいるときでも幸せな気持ちに包まれるようになったのです。

これは本当に不思議です。

そして、この幸せな気持ちに包まれるようになってから、浮かんでくる考えがとってもポジティブなんです。

以前はカフェで1人お茶を飲んでいると、とても虚しい気持ちになりました。

でも今は1人でカフェに行くことがとっても幸せな時間なんです。

お気に入りのカフェで1人でお茶を飲めるなんて、なんて贅沢なんだろうって思えるのです。そしてなぜかそういう気持ちのときには、

『今度恋をする時は、誰かに好きになってもらうのではなく、自分から人を好きになりたい！』

という思いが沸き上がってくるのです。

龍とつながって、まだ数日しか経っていないのに、自分がまるで別人のようです。

生きていることがとても幸せで、周りの状況や人に振り回されなくなりました。

そして、そんな自分がもっと好きになりました。

本当にありがとうございます。

これからも龍に助けてもらいながら、もっと幸せな気持ちを増やしていきたいと思います」

心の傷も消えていく

マインドとスピリットがつながっていない私たちは、とっても孤独なのですね。

マインドがスピリットと切り離されているとき、恋人からもらえる愛情や言葉によって一瞬満たされたと錯覚します。

ですから彼女のように、恋人がいるときは人生がバラ色のように感じられて、そうでないときは、ただひたすら虚しい気持ちになるのです。

しかし、マインドが本当に探しているのは、他人からの一時的な愛情ではなく、スピリットが本来持っている愛です。

スピリットは宇宙の根源から無限に沸き上がる「愛」の一部。

マインドがスピリットに出会うことで、大きな愛に包まれ、これまでの孤独感やそれによってできてしまった心の傷もこの大きな愛で癒されるのです。

これが、「本当の自分に出会うことで幸せになっていく」ということの、カラクリです。

この女性もご自身のスピリットとの出会いによって癒しが起き、本当の自分を取り戻しました。

そしてつながった銀色の龍はこれからも彼女のガイドとなり、スピリットと切り離されているマインドを見つけてはスピリットとつなげるという作業を繰り返すでしょう。

私たちのマインドはいくつも存在し、そしてその数だけスピリットと分離しているといえるからです。

繰り返しますが、私たちの人生は「本当の自分」に出会うためにあります。マインドが、スピリットとつながりを取り戻していくことこそが人生なのです。

しかし、これは自分でやろうと思ってもなかなか難しいものですが、龍の愛によって私たちのマインドがハートの内側に存在するスピリットに出会うことができます。龍の愛は、マインドがスピリットに出会う道しるべの役割をしているのです。

ハートとボディーはこんなにも密接

人間の感情とよく似ている

龍という存在は、愛の波動で人々のハートを開きます。そして龍は私たちのマインドがスピリットと出会えるように導いていきます。

さて、私たちのハートですが、これは1日のうちで開いたり閉じたりしているものです。これは身体の自然な機能ともいえます。

一般的には、ハートは開いているほうが良い状態といわれることが多いのです。

しかし、私の考えでは、時にはハートは開くものであり、そして必要とあれば閉じるものなのです。

嬉しいときには笑って、悲しいときには泣く、というような人間の感情とよく似ています。

ですから、無理に開いておこうなどと考えると、ハートの動きに逆らうことになり、余計にストレスがたまり、自分へのプレッシャーになります。

大切なのは、自分のハートがいつ開き、そしていつ閉じているのか、ご自身で認識できることです。

そして、ハートが開いたり閉じたりしているときの感覚をキャッチしているのが、そう、前項で申し上げた、あなたの身体（ボディ）です。あなたの頭ではないんですね。

身体の感覚に意識を集中させると、1日のうちでハートが開いたり閉じたりしているのがよくわかります。

身体の感覚とは、先ほどのフェスティバルのタイトルにもなっていた、〝マインド・ボディー・スピリット〟でいうと「ボディー」にあたります。

マインドとスピリットが切り離されていることは、非常に孤独であるとお話ししましたが、実はマインドとボディーが切り離されていると、不安な気持ちが沸き上がってきたり、身体にさまざまな病気を呼び起こすこともよくあります。

やはり、マインド、ボディー、スピリット、この3つはしっかりつながっていると心も穏やかで不安もあまり感じることがなく、それでいて健康でもいられるのでしょう。

そのうえで、ご自身のハートの動きを認識するには、ご自身の、マインドとボディーがしっかりつながっている必要もあるということです。
つまり、身体で感じたものを頭でも認識できると一番良いわけです。

ボディーの役割は、もちろん身体を動かすことや、食事をとり身体に栄養を運ぶことなどが含まれますが、もう1つ大切な役割があります。

それは人や場所などを見た目ではなく、「波動」でとらえるということです。

実は、起こる出来事すらも波動で感じることができるのです。
波動とは、目には見えない振動です。
この世のすべては振動でとらえることができます。
これは目で見て確認ができるわけではなく、身体でそれを感じ取ることができます。
身体にはその能力が備わっていて、多くの人は、その能力に気がついていません。

人々の身体は、とてもおもしろい仕組みになっています。

ハートが閉じているときは、単なる身体として存在し、人間が生きていくうえで必要な機能を果たします。

しかし、ハートが開いているとき、私たちの身体は、物事やその場の空気などなんでも波動でとらえられるようになるのです。

要は、ハートが開いているときと閉じているときでは、身体の機能や身体の感覚が違うということです。

ぐーっと開いていく瞬間

あなたにも、好きな場所、お気に入りの場所、それから逆にあまり足がそちらへ向かない場所が、それぞれあるのではないかと思います。

レストランでもカフェでも、ついつい、また行ってしまう場所というのがありますよね。

そういう場所というのは、波動が高く、誰にとっても心地が良い場所なのです。

レストランなどでも、そこのお料理の味が美味しいかそうでないかだけでは、また行きたいとは思わないものですよね。

味ももちろんですが、なんとなく居心地が良い空間であると、なおのこと、そこに足を運びたくなるものです。

それは、私たちがハートのセンサーを使って、そのレストランを波動でとらえるからなのです。

波動でとらえたことは、口で理由を説明できるものではありません。

これがハートを開き、空気を波動でとらえているときの状態です。

多くの場合、人間は場所の雰囲気などは、ハートを開いたときのボディの感覚でとらえています。身体の感覚を感じることが上手な方というのは、人が話す声も耳ではなくハートでとらえることができます。

もっと敏感な方でしたら、起こる出来事の5分くらい前に、その出来事が良い感じがするか、または悪い感じがするものなのか感じることができます。

さて、龍に出会うためには、まずハートの開閉をキャッチしているボディーの感覚にもっと強く気づいていく必要があります。

なぜなら龍を感じるのも、マインドではなく私たちのボディーの感覚だからです。

そしてボディーの感覚を強めるには、まずハートが開いているときの感覚を知ることです。

ハートの感覚を鍛えるには、人にいわれたことを、そのまま鵜呑みにしたりせず、胸に手をあてて、いわれた言葉が自分にしっくりくるかどうか感じてみるのも良いでしょう。もっと簡単なことですと、映画を見たときの、身体の感想に意識を集中してみるのも良いでしょう。思いのほか、マインドの感想とは違っている場合があるものです。

それから食事をしたときに身体がどんな反応をしているか、身体の感覚に寄り添ってみるのも良いでしょう。食材によって身体の反応が違っているはずです。

身体に良いものを取り入れたとき、私たちのハートはぐーっと開きます。そして身体が温かくなり、幸福感や安心感に満たされます。

添加物が多いものや味付けが濃いものを食べたとき、頭では美味しい！　と感じていても身体が負担を感じていることもあります。そんな場合にはハートがぐーっと閉じてしまいます。ボディーとハートはいつも連動しているのです。

私のセミナーに参加された方の多くは、セミナーの後、味付けが濃いものが食べられなくなった。突然新鮮な野菜が食べたくなった。など、食事をするときのご自身の反応がセミナー参加前と変化していることに驚かれます。

これは、セミナーでハートを全開にすることで、体感力が一気に目覚めるため、身体の反応を敏感に感じ取ることができるようになっているからです。

私はセミナーを開催するときの会場なども、とても気にします。

料金が予算に合うか？　出席者の方がきやすく便利な場所か？　というのも選ぶ基準の1つですが、優先順位としてはこの2つは意外にも後のほう。

私が会場を選ぶもっとも重要な基準は、その会場やその会場の建物が放つ波動です。

波動が良くなければ、せっかくの楽しいセミナーもそこの場所の悪い波動を受けてしまい、なんだかどんよりと暗いものに変わってしまうのです。

これらをイギリスからハートで感じてみるのです。

そして、波動が自分にとってしっくりくるものに決めます。

ハートのセンサーに距離は関係ありません。

意図するだけで、そこの場所の波動が、だいたいどんなものかを感じることができます。

まずは龍と出会うため、ご自身のボディーに耳を澄ませ、ハートを感じる習慣をつけるというのはとても大切なことなのです。

お金の波動と学びの教材

こうして自然と流れが良くなっていく

ここまで、ボディーの役割についておわかりいただけたでしょうか。

ボディーはマインドとスピリットをつなぐ重要な役割を担っていたわけです。

そして、ボディーが連動するハートの感覚が上手につかめるようになってくると、今度はお金と自分の関係にも波動が存在することがわかるようになります。

お金は龍とは少しだけ役割が違いますが、お金はこの世で人々が本当の自分に戻れるための学びの教材として存在しているともいえます。私たちが本当の自分であるスピリットに意識が戻っていくほどに、お金の入り方や流れ方が良い方向に変わっていきます。

そして学びを深めるためにお金が存在しているということが、徐々にわかってくるようにもなります。

実際、お金に対する恐れを抱く人は、とても多いようです。

私も14歳まではとても豊かに暮らしてきましたが、14歳で父が会社を倒産させ、2億円の借金だけが残ったあげく、母方の祖母の財産も家族に騙し取られ、両親が同時に一文無しになったときは、お金がないことへの恐れを強く感じました。

しかし出来事にどんなに真実味があろうと、その出来事は、マインドがスピリットに出会うための出来事やきっかけに過ぎません。

私は両親が一文無しになったことで、ぬくぬくとした生活を一瞬で失いましたが、そのおかげで、私は何をして生きていきたいのか？　という自分への問いかけをするようになったのです。


1部の大富豪を除いては、世界中の人々は働いてお金を稼ぐことになっています。

つまりお金を稼ぐということは、自分の人生の1部でもあります。

働くということは、ご飯を食べることと同じくらい大切だと、私は思っています。

お金は何をしてでも稼ぐことができます。簡単なところだと、カフェやスーパーマーケットでのアルバイト。

たくさん勉強して司法試験に合格すれば、弁護士や裁判官として働くことができます。その仕事に就くことができるかは別としてですが、お金を稼ぐということを目的にした場合の仕事の種類は無限にあります。

しかし、私が思うに、この世でお金を稼ぐこと、それはいかにあなたのマインドとスピリットが統合していくかの結果なのだと思います。

これらが統合を深めるかどうかで、お金の流れが自然とよくなっていくのです。

これは私自身も経験しましたし、多くのクライアントさんも皆同じことを経験されています。実際に統合が深まってくると、「仕事をすること＝お金を稼ぐこと」ではなくなってきます。

こんなところからサポートが！

マインドがスピリットとつながるにつれ、スピリット本来のキャラクターや才能が開花しはじめます。

すると、かならずそれを用いて、「この世で何かやりたい！」と本能的に動くようになります。そうすると道がどんどん開けていき、宇宙や龍からのサポートもたくさん受けられるようになります。

よく耳にする天職というのは、スピリットのキャラクターや才能が活かされた仕事のことなのです。

こうお話をすると、「私の天職をリーディングしてください、私はその仕事をやります」とおっしゃられる方もいますが、天職に出会っていく過程というのはスピリットにとっても貴重な経験であり、その経験を通してマインドがより深くスピリットとつながっていけるようになります。

この世に、なぜお金やお金を稼ぐというシステムがあるのか？ その本当の意味とは、ご自身の波動を高めていくために存在するシステムであり、そしてお金の入り方は、ご自身の波動が高まるにつれ、お金に必死で向かっていくのではなく、向こうから流れてきてくるようになるのです。

後の章でさらにくわしいお話をするとして、**スピリットはこの世でどのような仕事をするのか知っています。**マインドがスピリットと統合すれば、仕事も自然とスピリットが引き寄せるようになるのです。

龍を送り込んだ真の理由

ただ一時的に満たされるだけ

人々はハートを開かず、マインドがスピリットと切り離された状態で生きつづけると、さまざまな孤独感や恐怖感などを感じはじめます。

これはマインドの特徴なのです。マインドはマインドで意志があり、スピリットとつながりを取り戻さなければ、暴走し、私たちの人生をめちゃくちゃにしてしまいます。

それから私たちの人生だけではなく、地球さえも破壊してしまうのです。

人々が欲に走りすぎるときというのは、必ずその人が愛に枯渇しているときです。

その人が意識していなくても必ずそうなのです。

そして、この世はこの枯渇した愛を一時的に満たすことを目的としたビジネスが、たくさんあります。

スーパーマーケットに行ってみて、なぜこんなにもたくさんの食材が売られているのだろうと不思議に思われたことはありませんか？

絶対に、全部売り切れるわけがないほどの量の食料がずらりと並んでいます。売れ残った食料品はゴミになります。

イギリスの某大手スーパーマーケットで1日に売れる野菜は、仕入れた野菜の30％だそうです。

つまり、毎日70％はゴミになるのです。

しかし、今日も野菜が売られる量は変わらず陳列されています。

この野菜をつくるために、どれだけの農薬がまかれ、どれだけの自然が被害にあったのでしょう。

ショッピングモールに行くと、数えきれないほどの洋服、文房具、家具、小物などがずらりと並びます。

色合いが綺麗でキラキラしたディスプレー、ついつい手に取って必要ないものでも買ってしまいたくなります。

しかし、私たちが実際の生活で使うものは意外にも限られています。

お気に入りの洋服や小物が少しあれば本当は充分楽しく暮らしていけるのです。
必要以上に売られている食品やものは、私たちの愛の枯渇を一時的に満たします。
そして売り手もまた愛が枯渇し、お金儲けに走ってしまっているのです。
愛が枯渇したもの同士でビジネスの生産と消費が成り立ってしまっています。
しかし、おかげで地球は、どんどん破壊されて汚されています。

当たり前のことですが、地球がなければ私たちは人生を生きることができないのです。
そして繰り返しますが、人生はマインドとスピリットとが出会い、統合していくためにあります。

その場所を貸してくれているのが地球なのです。
それなのに人間は自分の欲を満たすことばかりに気を取られてしまっています。
もちろんすべての人がそうではありません。

私が龍と仕事をするようになってわかったことがあります。

どんなに龍とつながりたいと願っても、つながることができない人がいるということです。

たとえば私が開催する龍のセミナーでしたら、台風の影響でお住まいの地から飛行機が飛ばず、やむをえずセミナー参加を断念しなければならなくなるだとか、セッションの予約当日に高熱が出てこられなくなってしまうなどです。

人も選ばれる立場である

私はこのお仕事をするようになってから、龍や宇宙の存在が、龍と出会える人を選別するところをたくさん間の当たりにしてきました。

龍に出会える人は龍や宇宙の存在が選ぶのです。

マインドがスピリットと分離していると、どうしても人はエゴイストに生きがちになります。

それは愛が感じられないことが根本の原因なのです。

それでも、その自分をなんとか修正したい、もう一度愛を感じたい、本当の自分を見つけてみたい、と自分のエゴに向き合い打ち勝つ強さを持っている人が中にはいます。

龍に出会えるのは、その強さを持った人なのです。

物欲がいけないということをいっているわけではありません。

私も洋服が好きですし、買い物自体も大好きです。

でも、前にも申しましたが、スピリットに必要な物は意外にも少ないものですし、頑張っていろいろな物を得ようとか得たいという感覚があまりないものなのです。

それはスピリットが必要なものは、引き寄せられてここへ来ると知っているからなのです。

マインドがスピリットと統合すればするほど、おもしろいくらいに、いろいろなことが引き寄せられます。

そしてそんな強さが龍との出会いへとつながります。

龍は誰のところにでも訪れるわけではありません。

人々はもっと自分の意識を成長させる必要があります。そうでなければ地球が終わってしまいます。

そして龍は地球を大切にできる人のところから先に現れるのです。

それが龍の役目であり、宇宙の存在のプロジェクトだからなのです。

龍は私たちのことをずっと綺麗な龍の国から見守っています。

そして誰のところに訪れるべきか、しっかりと見ています。

地球を大切にするということは、大それたことでなくても構わないのです。

無駄な物は買わないようにするだとか、今ある物を大切にするというのも良いでしょう。

家で使う洗濯洗剤やハンドソープなども、川や海に流しても害がない自然からできている物に買い替えるだけでも良いのです。


時々、自然があるところに出かけ、自然に触れてみるだけでもいいでしょう。

自然が大気汚染を一生懸命綺麗にしてくれています。

そんなけなげな自然にお礼をいいにいくことは、自分へのけじめにもなります。

地球や自然があってこそ私たちの人生があることを、今一度考えてみると良いでしょう。

意外にも地球にお返しできること、これから気をつけることは、たくさん出てきます。

ここまで、マインドとスピリット、そしてボディーのしくみや、ハートについてお話ししてきました。

難しいと思われる部分もあったかもしれませんが、ここまでお読みいただくことであなたの中で少しずつ変化が起こっているはずです。

次章ではいよいよ、龍と出会えるワークについてお伝えしていきます。

4章

龍と“本当”につながる方法 ④

5つのワークで、
いよいよ龍に出会える！

さあ、いよいよ龍を迎え入れよう！

一気にやってしまうほうが効果大

この章では、実際に龍を体感していただきます。
そうすることで、あなたのハートの内側に眠っている龍の記憶が、少しずつ目覚めていくのです。

龍から愛のエネルギーが注がれる話はしてきましたが、今度はあなた自身がハートを開くことで、龍とさらにつながれるようになっていくことでしょう。

龍を見たり、感じたりすることができるのは、必ずハートを開いたときです。ハートは「魔界の扉」だとお伝えいたしましたよね。

龍だけではなく、高次元の存在に出会うのも、必ず私たちのマインドがこの空間を通り抜けなければなりません。
ですからハートという魔界の扉を開くことが、まず始めにすることとなります。
遊び感覚で、楽しんでワークをやってみてください。

これからお伝えする、ハートを開くための①〜⑤のステップは、覚えてしまって一気にやったほうが良いでしょう。
慣れないうちは本を見ながらでも構いませんが、なるべくマインドを働かせないほうが良いので、このステップ①〜⑤を何度も読んで覚えてから一気にやってしまうのが効果的です。

① 家の中で、一番自分がリラックできるスペースに座ってください。座り方は正座でもあぐらをかくでもどちらでもかまいません。椅子に座るほうが楽な方は、椅子に座っていただいても大丈夫です。
しかし、ハートを大きく開くことに成功すると、身体がユラユラしたり、回転しはじめることがあります。椅子から落ちないように気をつけましょう。

床に座っている方も後ろに倒れてしまっても頭を打ったりしないように、クッションなどを置いておくと良いでしょう。

② リラックスできるスペースに座ることができたら、今度はご自身の呼吸を感じてみましょう。

軽く目を閉じ、1分間ご自身の呼吸にだけ意識を集中させてください。

ご自身の呼吸をよく観察してみてください。

ご自身の呼吸が、自分の胸の辺り、ハートの辺りから沸き上がってきていることが、確認できますでしょうか?

普段、いろいろと頭で考えごとをしてしまっている人にとっては、この1分間はとても過酷です。1分間の間にもいろいろな考えが浮かんできてしまうかもしれません。

しかし、それはマインドがスピリットと切り離されているからなのです。マインドはスピリットに出会う前、スピリットの記憶がないため、ハートを開くと少し暴れます。

しかし、それでも大丈夫です。

思考、マインドが湧いてきてしまって呼吸に集中ができず苦しかった人は、もう一度気を取り直して最初からやってみましょう。ここはとても大切なポイントとなります。

③　1分間ご自身の呼吸を感じ、観察することができたら、今度はハートの辺りから沸き上がってくる呼吸を、お腹の底（おへそより少し下、チャクラの丹田に位置するところ）から沸き上がらせるように意識してみてください。

女性は、子宮から息を吐き出すイメージをしても良いでしょう。

お腹の底から呼吸をする場合には、普通に呼吸をするよりも大きく息を吸い込んで吐き出す必要があります。

これを繰り返すだけで、身体の緊張した筋肉が少しずつほぐれてきます。

手もだら～んとなり、身体がなんとなく温かくなってくれば上手にできている証拠です。

④　身体にはさまざまな感情を溜め込んでいるものです。

魔界の扉を開き、その中の空間へと旅に出るには、この溜め込んだ感情が少し邪魔になります。

ハートを開く前に、邪魔になる感情を身体の外に吐き出すイメージで、解放しましょう。

この時点で悲しい気持ちになる人や、とっても悲しくなってしまって大声をあげて泣いてしまう人も出てくるでしょう。辛かった記憶が浮かんできてしまう人もいるでしょう。

感情を解放するときには、脳がそのときの記憶をもう一度辿るため、そのときのことを身体が再体験するからなのです。怖がらずに、そのまま思いっきり泣いてしまいましょう。

お腹の底から呼吸ができてきたところで、ゆっくり10秒数えながら息を吸いましょう。

吸い込んだ息はお腹の底に届けるイメージをします。

今度は、吸い込んだ息を15秒間かけて吐き出します。

これを5回繰り返します。

⑤　5回の深い呼吸を終えたら、④と同じように10秒間で息を深く吸い込みます。
そして、15秒かけて吐き出すときに、今度はお腹の底から思いっきり、

〝あ――――!〟

という音を出します。

これを5回繰り返します。

5回繰り返す間にも音がどんどん太くなり、大きくなっていくはずです。

この声は、お経や瞑想でマントラを唱えるときの声です。ハートの奥深くから音を出すのです。「あ――！」という自分の声が、普段の話し声と全然違っていることに、驚かれるかもしれません。太く低い音が出るようになってきます。

この呼吸法は、自分から出るお経のような音によって瞑想状態にもっていくことができます。

上手にできる人は身体をだれかに後ろから引っ張られるように、後ろか横に倒れてしまいます。

その場合は身体の動きに抵抗せず、ぱたっと倒れてしまって、そのまましばらく寝転がって横になっているほうが良いでしょう。

たったこれだけでマインドが静かに……

ハートを開く作業はこれで終わりです。

たったこれだけでかなりマインドが静かになっているはずです。

頭がぼんやりとしていることに気づかれるかと思います。

目をつぶったまま、ハートの辺りを意識してみるとハートの扉が開き、下に向かって広がっていることが確認できるでしょうか?

ハートが開いている証拠です。

少し薄暗い洞窟のような道が、自分の胸の辺りから地球に向かってできあがっていることが確認できるはずです。

よくわからないという方は、まずはこの呼吸法を1日に1、2回、2週間ほど続けてみると良いでしょう。

ハートを開くには少し練習が必要です。

特に、これまで頭でなんでも理解をしようとする癖がついてしまっている方は、呼吸も頭でやろうとしてしまいます。

しかしこの作業は、マインドがボディーとつながる作業でもあります。

マインドで理解するのではなく、マインドがボディーにつながっていくためのものです。

そしてハートを開くことができるのは、マインドではなくボディーのほうです。

ボディーにはその機能が備わっているからです。

この作業はハートを開くだけではなく、ご自身への大きな癒しになります。

ハートを開くだけで私たちは癒されることがあります。

まだスピリットに出会っていなくても、ハートの入り口に立つだけでなぜかホッとした感覚を味わい、これまでの悲しみや辛い記憶がよみがえり、それを一気に解放することができるのです。

ですからどんな人も1日に1度か2度、この作業をやってみると良いでしょう。

また夜、眠りが浅い人は寝る前にこれをやってみると、赤ちゃんのように、よく眠れるようになります。

エネルギーを放ち綺麗な空間をつくる

すでに次元は上昇しはじめている

龍に出会うためには、少しでもご自身が存在する空間の次元を上昇させることが大切です。

空間の次元を上昇させると聞いて、ピンとこない方もいるかもしれませんが、私たちはいつもいろいろな次元を行ったりきたりしているものなのです。

なるべく高い次元に行くことで龍と出会いやすくなります。

龍は7次元以下に身体を持ってくることができません。ですから、私たちが今いる空間を7次元、もしくはなるべくその次元に近づかなければなりません。

先ほどのハートを開くワークで、上手にハートを開くことができれば、すでに次元が少し上昇しているはずです。

ハートを開くワークとあわせて、次のワークをすると、さらなる次元上昇が期待できます。

① まず、龍に出会いたい場所を決めます。これは、氣が良さそうだなと思うところであれば、家の中でなくても、お気に入りの公園や家の近くの丘の上などでも良いでしょう。慣れてくると龍とはどこでも出会えるようになります。最初は場の氣も借りたほうが出会いやすいでしょう。

② 場所が決まったら、今度はその場所の氣を、さらに高めていきます。つまりそこの場所の波動を高め、空間の次元を上昇させるのです。難しく聞こえますが、これはとっても簡単です。

まず、手を前に出します。腕はしっかりと伸ばしておいてください。手のひらは空に向けて手の甲は地面に向けておいてください。

③ 軽く目を閉じて、ハートをよーく感じてください。呼吸に意識を向けていると、自然

にハートも感じることができます。

④　ハートが意識できれば、今度はハートの扉をイメージします。
このとき、どんな扉かは、イメージしやすい扉で良いです。

私のハートの扉はエレベーターの扉のようなイメージです。扉が2枚あり、左右にその扉が開くようになっているのです。人によってはお部屋の扉のようにノブが付いていて、それを回して押すと開くという方もいます。ハートの扉の形は皆それぞれ違います。ご自身にしっくりくるイメージが、ご自身のハートの扉の形に1番近いのでそのイメージを大切にしましょう。

⑤　扉のイメージができれば、扉を実際に開いてみましょう。
ハートを開くワークのときと同じように、ハートの奥に少しうす暗い洞窟のようなものが見えてくるでしょう。

⑥　そのまま洞窟に意識を集中させてから洞窟の奥をずっと眺めていると、煙のような渦

を巻いたエネルギーが洞窟の深い深いところから沸き上がってきます。

これは、宇宙の根源から沸き上がる愛のエネルギーです。エネルギーが湧いてこない人は、沸き上がってくるイメージをするだけで大丈夫です。そのエネルギーは、洞窟のような、ハートの空間を通って、扉に向かって下から必ず上がってきます。

⑦ エネルギーはハートの扉をくぐり抜け、先ほど身体の前に伸ばした手のひらの先から流れ出します。

実際に煙のようなものが手のひらから出てくるところが見られる人もいるでしょう。体感が得意な方は、全身にエネルギーがみなぎってくることがわかり、一緒にワクワクする感覚も味わうことができるでしょう。

手でなでてあげるだけでもOK

手のひらがじんじんと熱くなってきたら、その手が動くままに、壁や家具、そして部屋一面をその手でなでていきます。このとき、あなたの手は愛のエネルギーに満ちた、「愛の手」に変わっていきます。

一度手が動き出すと、部屋の波動が上昇するまでは止まらなくなります。

身体の感覚に任せ、動くままにしてみましょう。

10分もするとクタクタに疲れます。そのまま床に倒れてしまう人もいるでしょう。

これで場所の次元を上昇させる作業は終わりです。

これは非常にパワフルなワークで、私のセミナーでも受講生の方々と一緒に行います。

すると会場の次元が一気に上昇し、あっという間に異次元空間ができあがります。

この空間をつくってあげると龍は存在しやすくなります。

やっと姿を現すことができるのです。このワークは龍に出会うためだけではなく、ご自身が快適に暮らすためにも使うことができます。

喧嘩ばかりが起こる会社などでは、愛に枯渇してしまった波動が、その部屋にできてしまっているのでしょう。

こっそりとこのワークを使ってみると良いかもしれません。

ご自身の身体が疲れているときは、この「愛の手」で身体中をなでてあげるだけで身体がふにゃふにゃに柔らかくなり、緊張やこりなどもスーっと消えていきます。

丁寧にしっかりとグラウンディングする

愛のエネルギーでグラウンディングする

ここは、とっても大切なポイントです。自分のエネルギーを地球の中心とつなげるグラウンディングができていないと、ハートを開いても、上手に龍とつながることができません。

また、宇宙に存在する、あまり波動が高いとはいえない存在と、つながってしまうこともあるので、龍に出会う前はしっかりグラウンディングをしましょう。

① 先ほどご自身でつくった心地の良い空間に座りましょう。この場合、床でも椅子でもどちらでも構いません。椅子に座った場合は、足の裏をしっかり床につけましょう。

② 先ほど高い波動の空間をつくるときに使った、ご自身の「愛の手」を使います。先ほどとまったくと同じ要領で、宇宙の根源からご自身の手に愛のエネルギーを沸き立たせます。
そしてその手を、今度は頭のてっぺんのほうまで持っていきます。

頭のてっぺんに手を置くのではなく、10センチほど、頭から手を放しておいてください。

③ 頭の皮膚に意識を集中させると、温かくフワフワしたものを感じられるでしょう。このふわっと温かいエネルギーを、頭のてっぺんから身体全体を包んでいくイメージでゆっくりと手を頭のてっぺんから足のほうに向かってずらしていきます。
これはとても時間がかかります。さーーっと手を下に下げていくのではなく、ゆっくりゆっくりとご自身のエネルギーを愛のエネルギーで包んでいきましょう。また、途中で悲しみが込み上げてくる場合がありますが、癒しだと思って、その感情に寄り添いながらグラウンディングのワークをそのまま続けましょう。

④ 手が首の辺りまで下がってきたら、その両手で背骨をじっと感じてみましょう。身体

の中心にすっと柱のように立っている背骨を想像してみてください。

そして、その背骨に向かってこのエネルギーを流し込んでいきます。

これをすることで、頭がぼーっとしてきて、だんだん何も考えられなくなり、身体がゆっくりと揺れはじめる人や、くるーっと大きく回転しはじめる人もいるでしょう。

⑤　背骨から尾てい骨までエネルギーをしっかり流すことができたら、次に身体全体にエネルギーを流すようなイメージで、手が動くままにエネルギーで身体全体を包んでゆきます。
空間をエネルギーで包んだときと同じく、手が勝手に動きはじめるので、手の動くままに身を任せましょう。

場所は問わなくてＯＫ

愛のエネルギーを使ったグラウンディングはこれで完了です。

身体が重く、そしてなぜか心地が良いと感じる人が多いはずです。

まだしばらく身体が左右に揺れていたり、緩やかに回転している人もいるでしょう。

意識を使って行うグラウンディングよりも、宇宙からの愛のエネルギーでご自身を包み込んでしまうグラウンディング法は簡単です。それでいて、とてもパワフルです。

ですから、宇宙からの「愛の手」をつくることができれば、いつでもどこでもグラウンディングすることができます。

焦って呼吸が荒くなってしまっているときや、ものすごい悲しみに押し寄せられてしまっているときにも、この方法でグラウンディングすると、さっきまで悲しみや怒りを感じていた自分がウソのようにホッとしたり、お母さんのお腹の中にいたときのような温かいものに包まれる感覚になることができます。

回数を重ねるごとに、上手にできるようになりますし、手から出せるエネルギーも強まってゆきます。

これも呼吸法などと合わせて毎日やってみると良いでしょう。

なぜ、子どもの頃の自分なのか

大人だからこそやってほしい

さて、ここまでのワークが上手にできれば、龍と出会う準備は、ほぼできたことになります。

しかし、ここでとっても大切なことがあります。

それは、龍に出会うあなたを、子どものときのあなたに戻さなければ出会えないということです。

ピーターパンというおとぎ話は、子どもしかピーターパンを見ることができない設定になっていますよね。

龍に出会うのも、このおとぎ話のルールと、とってもよく似ています。

大人のように、生きていくための知恵をたくさん持ち合わせたマインドだけでは、龍には出会えません。あなたが龍に出会えるのは、あなた自身が子どものときの感覚に戻ったときだけなのです。

子どもの感覚に戻るとひと言でいっても、それぞれ子どものイメージも違うでしょうし、ご自身の子ども時代もさまざまでしょう。

この場合、ご自身の子ども時代の記憶の中で一番楽しかった記憶を思い出して、その感覚に戻るのが一番簡単で効果的です。

なかには子どもの頃の記憶がまったくありません、思い出せません、という方もいます。子どもの頃の記憶をどこかのタイミングで封印してしまった可能性があります。

こういう方は、あまり思い出したくない過去があるのかもしれません。

もしもこういう方で、龍と出会いたいといってくださる方がセッションにいらしたら、私は先にトラウマの癒しというものをやらせていただきます。

とてもショックな出来事に出会うと、私たちはそれ以前の記憶やその頃の自分の感覚さえも封印してしまうのです。

ですから、当時の記憶を癒すようなヒーリングやセラピーを受けて、記憶の封印を解除してもらうことをおすすめいたします。

トラウマはなかなかご自身で癒すことが難しいものです。私も子どもの頃たくさんのトラウマをつくってしまいました。ですから子どもの頃の自分に戻ることには、はじめ、とても抵抗がありました。

今は、自分のスピリットとの出会いや龍の愛によって、私のトラウマはたくさん癒されました。おかげで1日中ずっと子どもの感覚のまま、過ごしています。

子どもというのは、食べたいときには食べたい物を好きなだけ食べて、やりたくないことは絶対にやろうとしません。1日中楽しいことをして過ごしたいのです。

つまりは、将来のことを考えず、今この瞬間を楽しむために生きているのです。

しかし、大人は違います。明日は朝早くから仕事に出かけなければならないし、朝イチで重要な会議があるから寝不足では駄目だ。だから今日はお酒も飲まず早く寝よう、と先のことを考えて今の行動を決めます。

これが大人です。社会人や大人には、子どもと違って責任というものがあります。

しかし大人になった私たちでも、ずっと大人をやっているというのはなかなか疲れてしまうものです。

時々、子どもの自分の感覚に戻ることは、癒しにもなり、また今後、ご自身のスピリットを思い出しながらマインドを統合させていくプロセスでとても役立ちます。

そして、龍と出会うために今一度、子どもの頃のご自身の感覚を思い出してみるというのはご自身にとっても楽しい時間となるでしょう。

子どもの頃の感覚に戻る

① 目を閉じて一番楽しかった子どもの頃の記憶を頭に思い浮かべてください。記憶が映像で浮かぶ方もいれば、身体の感覚で感じる方もいるでしょう。

② 当時の自分がいる場所や、周りにいる人なども鮮明に思い描くようイメージしてみてください。

③ 当時の自分を眺めている状態だと思いますが、その子どもの身体の中にすっと入ってみましょう。こう伝えると入るってどうやって？　と突然焦り出す方がいますが、イメージするだけで、自分のイメージの中は自由に移動することできます。私が人をチャネリングするときにも、この方法はよく使います。

その人の中に入り、実際その人を身体で感じたほうが、より鮮明に体感でき、正確に情報が取れるからです。

④　子どもの頃の自分の中に入ることができたら、隅々までその子の感覚を観察してみましょう。焦らずゆっくりとその子を感じてみてください。今のご自身とはまったく違った体感や気持ちを持っていることに気づかれるでしょう。全身で今という瞬間を感じ、今を生きているのです。楽しいと感じることを思いっきり楽しいと感じています。胸の辺りからワクワクする感覚が飛び出しているかもしれません。大きな声をあげて笑っているかもしれません。できるだけ鮮明に、ご自身の子どもの頃の楽しかったときを全身で感じてください。

⑤　充分に感じることができたら、この体感を、今のご自身の身体に記憶として焼きつけます。一度だけ、大きく息を吸い込んで吐き出します。大きく息を吸い、吐き出すとともに細胞の隅々まで体感と記憶を焼きつけるイメージで、ふーーーっと大きく息を吐き出しましょう。

子どもの頃の感覚に戻るワークは以上です。

たったこれだけで子どもの頃の感覚をよみがえらせることができます。

楽しかった頃の記憶がいくつもある方は、シーンを変えて何度もやってみてください。回数を繰り返すほどに上手にできるようになり、子どもの頃の感覚がいずれご自身に定着するようになります。

そして必要なときには意図するだけで、この感覚になることができます。

実際にハートの内側から龍に出会ってみる

彼らはすぐそこで待っている

龍に出会う準備、いかがでしたでしょうか？　上手にできましたか？

上手にできなかった人でもそれぞれのワークを数回繰り返すと、イメージもリアルにできるようになり、体感できるようになります。体感力を高めるということはマインドとボディーのつながりが良くなってくるということです。

これまでマインドだけで生きてきた人にとっては、ボディーの感覚を目覚めさせるワークは難しいと感じてしまわれたかもしれません。

しかし、マインドとボディーは、訓練で上手につながることができるようになります。

これまでのステップが上手にできれば、あとは龍に出会うことを楽しみに待つだけです。

龍はこれからいろいろなシチュエーションで、あなたのそばに近づいてきてくれるようになるでしょう。

自分の周りで起こる出来事に偶然が重なったり、それらの出来事が思いもよらない方向に変わりはじめれば、それは龍があなたのそばにきている証拠です。

龍に出会うには、〝龍を強く信じる力〟と〝出会う覚悟〟も必要です。疑ってしまう自分がいても構いませんが、今はその思考を一旦脇に置いておいて、龍と出会えることでワクワクする自分を思い浮かべてみましょう。

ワークは子どもの頃の自分の感覚を身体にしっかりと焼きつけたところからスタートすると成功しやすいので、先ほどのワークから続けてやってみてください。

細胞レベルで目覚めが始まる

① これまで行ってきたワークをすべて行った流れで続けていってください。座ったままでも、これまでのワークの流れで床に寝転がってしまった人も、その位置からのスタートで大丈夫です。もう一度しっかりとハートの扉が開いていることを確認してください。

② ハートの扉が開いていることが確認できたら、ハートの扉の奥に広がる洞窟のような

トンネルのような道が見えるか確認してください。どんな色をしていますか？　道の細さはどれくらいでしょうか？　明るさはどのような感じでしょうか？　しっかりとイメージでハートの空間を見ることができるまで、ゆっくりと眺めてみてください。このトンネルは宇宙の存在と出会うための道であり空間です。異次元に移動できるのも、マインドが、このトンネルをくぐり抜けたときです。宇宙の存在もまた、私たちに出会うときにはこの空間を通り抜けてきます。

③　しっかりとハートの空間をとらえることができたら、ハートを開くワークで行った、呼吸法をもう一度行ってください。10秒間で、空気をお腹の底のほうまで思いっきり吸い込み、今度は15秒かけてゆっくりと息を吐き出していきます。この呼吸法を3回～5回続けて行ってください。

④　この呼吸法を数回行ったあと、今度は15秒かけて息を吐き出すときに、ハートの空間の底から、宇宙の愛のエネルギーを吸い上げるようなイメージで、息を吐き出してください。

ご自身の身体から息を吐き出すのではなく、ハートの深いトンネルの奥底からエネルギーを呼び起こすのです。息を吐き出すとともに、ご自身のハートの空間まで愛のエネルギーを吸い上げるのです。この呼吸法も落ち着いて3回から5回、もしくは上手にできるまで行ってください。

⑤ ④のハートの空間から愛のエネルギーを吸い上げることができたら、その呼吸を続けながら、実際に龍をハートの空間に呼んでみましょう。呼び方は簡単です。意図するだけで、龍は愛のエネルギーと共に、あなたのハートの空間に勢いよく現れます。

なんと、龍との出会いのワークは以上です。

このワークを初めて行う場合は、これまで見たこともないような、力強く神秘的な目だけがハートの空間の奥底で光って見えるかもしれません。
または、このワークによって、龍は勢いよくハートの空間から外に飛び出してくる場合があります。その場合は、あなたの身体が高い波動に追いつかず、身体が後ろに倒れてしまうかもしれません。

もしくは、しばらくの間、あなたの身体を借りて自由に動き回るかもしれません。

龍の動きは特有です。ご自身の手が、鳥のように指先だけを曲げる動きになります。

人間として生きていると、絶対にやらないような手の動きなのですぐにわかります。

身体がまるで、人魚姫が泳ぐように動きはじめます。まるで波打つような感じです。

これは龍からあなたに対するご挨拶のような感じです。

こうして龍はあなたの中に眠る龍の記憶を細胞レベルで目覚めさせるのです。

最初は、この体験にとても驚かれるかもしれません。

自分の身体なのに自分の意志とはまったく関係なく動くため、奇妙に感じるかもしれません。しかし、このようにして何度も出会ううちに、身体を使ってコミュニケーションを取っているようで楽しくなります。

そして次第に龍と出会っていられる時間が長くなってきます。龍と触れ合っていられる時間が長ければ長いほど、私たちのマインドとボディーとスピリットの統合も深まります。

ただ龍と触れ合っているだけで、自然とマインドとボディーとスピリットが統合していくのです。マインドとボディーとスピリットの統合は、龍に出会ってから、すぐにご自身で気づくことができます。

まず、これまでとは比べものにならないほど、幸せ感が増してきます。突然自分への愛や自信に満ち溢れるということを体感される方もいるでしょう。

または、さっきまでクヨクヨしていた自分が消え、突然、頭の中で沸き上がる考えがポイジティブになります。

なかには、これまで悩んでいた問題が、自分の中でもう問題だと感じなくなっているというようなこともあるでしょう。

龍は非常にパワフルで、龍特有の愛の波動によってあなたのマインドとボディーとスピリットを統合に向かわせるのです。

ここでご紹介したワークはどれも毎日続けられると上手にできるようになります。

焦らず、ゆっくりとご自身を癒す目的も兼ねて行われると良いでしょう。

5章

龍と“本当”につながる方法 ⑤

自分に託された
「役割」と「使命」に目覚める

龍をガイドにする人と龍になっていく人

変容していく人たち

ここまでいかがでしたでしょうか。

龍とつながるワーク、楽しく続けてくださいね。

さて、ここからは、龍につながると、どんな変化が起きはじめるのか、そして、あなたの世界がどう変容していくのか、そして、龍につながった人の使命とはどんなものなのか、お話ししていくことにしましょう。


ここまでお読みのあなたなら、もうおわかりでしょうが、**龍の波動というのは、人間の波動よりも高いもの。**

波動が高いということは、つまり、愛のエネルギーを私たちよりも多く持っているということでもあります。

パワーストーンと呼ばれるような石で、私たちが本当に癒されてしまうのは、その石が放つ愛のエネルギーが多いために、その愛のエネルギーによって癒されるわけなのです。

私たちは愛によって心の傷が癒され、愛によってハートの扉を開くことができ、そして愛によって本当の自分、すなわちスピリットに目覚めることができるのです。

私がこれまで龍をなんらかの形でおつなぎしてきた多くの人々は、龍の大きな愛によって変容されました。

その方々を見てきて、大きな発見が１つあります。

それは、人々には、龍とのつながり方が２パターンあるということです。

まず、龍とつながった人のほとんどの人が龍と共に生きるようになります。

ご自身は３次元に存在していますが、その人の７次元では龍とつながっており、龍のガイドにより少しずつその方の次元も上昇していくのです。

しかし、まれに龍とつながったことで、ご自身がどんどん龍になっていくという方がいらっしゃいます。

これは一体どういうことなのでしょう？

私も当初、わけがわからなかったのですが、その方々の目の奥には龍の目が存在し、見た目は人間。でも、よーく見ると手の動きや仕草も龍にそっくりです。

私の前に現れた2人の女性も、どんどん龍になっていきました。

1人目の女性は龍の卵を産んだといい、もう1人の女性は大好きな彼に出会っているときだけ龍になれるといいました。

「そんなことは信じられない」

そう思われる方もいることでしょうし、そう思われても自然だと思います。

私もそうでした。

そのときの私は、まだ龍の存在にさえ気づいておらず、いったいこの2人は何をいっているのだろうと思いました。でも今はあの2人の女性に何が起きていたのかよくわかります。

私たち人間というのは、本当にいろいろなことを忘れてしまっているのです。

本当の存在が何だったかさえも……。

これまで、人生はご自身のマインドとスピリットが統合していくためにあることは、もう何度もお伝えしてきましたよね。

つまり、マインドがスピリットと統合していくということは、スピリットのことをマインドが思い出しはじめるともいえるのです。

そして、私たちは龍とつながることで、龍によって、マインドとスピリットの出会いや統合が起こります。

どうなるかは重要ではない

私の前に現れた2人の女性や、私がこれまで見てきた、龍になっていく人々というのは、ただ単にスピリットが龍だっただけです。

そのことを思い出しただけだということです。

あなたが龍とつながったときに、どうなっていくのか、何になっていくのかは、実は、重要ではありません。

大切なのは、龍と出会う前からご自身という存在は、今思っているご自身よりも無限の可能性を秘めており、その可能性に制限をかけているのは、ご自身のマインドなんだということ。

これをよく知っておくことです。

前にも申しましたが、多くの人はご自身のマインドが自分自身だと信じていて、マインドと、ご自身が同化してしまっています。

しかし、マインドはマインドであり、本当のあなたではありません。

龍と出会う前にそのことをマインドに言い聞かせると、本当の自分に出会う覚悟が決まります。

また龍と出会ったあとの、ご自身のマインドとスピリットの統合も早くなるのです。

スピリットに意識が近づくにつれ、龍になっていく人というのは、本当に龍としての人生を生きるようになります。

そして、龍に覚醒した人の感性は人々を超越したところがあり、多くの人を魅了させるようになります。

役割と使命は、もう準備されている

後半の人生をどうしていくか

繰り返しになりますが、実は、龍とつながることができる人は決まっています。

つまり、この本を手にする人も最初から決まっていたのです。

龍とつながることができる人は、〝龍から呼ばれた人〟です。

私は人間の人生は大きく分けて2つに分かれているのだと思っています。

つまり、前半と後半に分かれているのです。

前半の人生とは、マインドによって眠ったまま生きる人生です。自分の存在がスピリットであることや、人生の本当の目的、それからご自身の使命も記憶にない状態です。

マインドが本当の自分だと強く信じ込み、マインドを幸せにするために生きている時間のことを前半の人生と呼んでいます。

〝龍から呼ばれた人〟というのは、人生の後半部分に移行できる準備が整った方なのです。

さて、後半の人生はどういったものなのでしょう?

実は私たちの役割や使命は、この後半の人生にあります。

人はいかに早く後半の人生に移行できるかで、ご自身のスピリットがどれだけ役割や使命を果たせるかが変わってきます。

龍とつながった人の中には、一気にスピリットと統合を果たす人もいます。

ご自身の役割や使命も思い出し、まっすぐそれに向かって歩き出されるのです。

ただ、たいていの方の場合、2、3年かけてゆっくりとスピリットに目覚めていきます。

この時間はどんな時間かといいますと、1日のうちに、スピリットの感覚でイキイキと生きられるときもあれば、またマインドの眠りについてしまい、マインドから沸き上がる恐れや不安に振り回されてしまうということを繰り返されるのです。

これを繰り返すことで、やがて完全にスピリットと統合できるようになります。

私たちが自分の役割や使命を果たすような生き方ができるのは、ちょうどこのとき。完全にマインドとスピリットが統合したときです。


人々のマインドがスピリットとつながったとき、マインドは少し混乱します。

ですからまた眠りについたり、ときどきスピリットとつながっていられたり、ということを繰り返すわけなのです。

しかし、混乱しながらも、この時間には人生に一番動きが見られます。

なぜなら、このときにはスピリットが望む人生に出会えるように、龍がたくさんの計らいをするからです。

せっかく目覚めかけているのに、また眠りにつかれてしまっては、龍としてもたまったものではありません。

このまま勢いに乗って、その方がマインドとスピリットを統合していけるように、龍はそれに見合った出来事を起こします。

よくあることですと、これまでの仕事を首にしたりします。

もしくは離婚を告げられるなど、一見悪い出来事に思えるのですが、これまでマインドで生きてきた世界にお別れを告げるかのように、出来事から先にさようならをいってきてくれているのです。

龍が起こす出来事はスピリットが望んだことのみです。その方のスピリットが望んでないことを、龍が起こしてくるのではありません。

たとえば離婚することになってしまったとしても、それは心の奥深いところで、その方が必ず望んでいたことなのです。

このようにして、出来事のほうから大きく動くおかげで、本当に自分は何をして生きていきたいのか？　という内なる自分に耳を傾けるきっかけとなります。

実は、スピリットの役割や使命は、あなたが想像するような〝職業〟ではありません。スピリットの役割や使命というのは、ただ単にスピリットの感覚に耳を傾け、その声に従って生きることです。

簡単そうに聞こえますが、私たちからマインドが消えることはありません。マインドは往々にして、安全で快適な暮らしを求める習性があります。

スピリットの声に耳を傾けると、必ずしも安全で快適な道だとは限りません。スピリットの望みはこの人生を使って、たくさんの経験をしたいのです。ときにはリスクを伴っても、その先にある経験をしたいのです。

私たちが幸せだと感じることができるのは、スピリットに従って行動したときだけです。マインドに従ったときは、安全かもしれませんが、幸せ感を得られることはありません。

億万長者になった人が今度はそれを失う恐怖と共に生きることとなり、億万長者になる前のほうが幸せだったとつぶやく人が多いのはそのためです。

思いもよらない職業にめぐりあえる

しかし、マインドの声に負けないでスピリットの感覚を選択しながら生きつづけると、必ず何かしらの職業に出会います。

もしくは、ご自身で職業をつくりあげている可能性が高いでしょう。

スピリットがつくり上げる仕事は、もしかすると、この世にまだ名前がないかもしれません。私も職業は何ですかと聞かれると、今やっていることはすべてスピリットを思い出して、それをそのまま表現しているだけなので、名前がありません。

ヒーラーでもなく、セラピストでもありません。人々を真の存在に目覚めさせることが私の仕事です。その過程で必要なら龍使いにもなります。時には魔法使いです。でもそんな職業、これまでには存在しませんでしたから名前がありません。

スピリット、本当の自分の役割や使命というのは完全にオリジナルなのです。

スピリットは世界で1つとして同じものはありません。

完全にスピリットで生きるようになると、この世に必ずオリジナルな何かを生み出すこ

とになるのです。これがスピリットとしての役割を果たしていることになり、使命を生きているということです。

近年、就職を選択せず、個人で仕事する人が増えているのは、多くの人がスピリットの存在に気づきはじめているからなのかもしれません。

1人の人がいくつも専門職を持ち活躍していたり、これまで聞いたことがないようなおもしろいことを仕事にしている人も、とってもよく見かけます。

スピリットの声に従うと必ず仕事がうまくいきます。ただし完全にスピリットに従って行動することができた場合ですが……。

その仕事には魂が宿ります。つまり作品であれサービスであれ、そこに愛の波動が広がるのです。

人々は意識すらしていないものの、人が放つ愛にお金を出したいと思うものなのです。

愛の波動に私たちは魅了し、癒され、愛をもらいます。

スピリットに共通した役割や使命があるとすれば、スピリットを使って、この世に愛を広げることなのかもしれません。

龍のあなたに会うだけで人々に変化が！

パソコンのアップグレードに似ている

龍と共に生きる人や龍に目覚めていく人——。

どちらもの人が、龍が持つ愛のエネルギーを、この世に広げていくこととなります。

私は龍とつながる人のことを、パソコンをアップグレードすることに似ているといったりします。

ご自身がお持ちのパソコンを、もう少し使いやすいように、新しいシステムをダウンロードするのと同じように、龍とつながった人はアップグレードされます。

その人が放つ、愛のエネルギー量が多くなるわけなのです。

龍とつながった人は、特に手から出る愛のエネルギー量が多くなります。

龍とつながった人が、精神的にも身体的にも、とても疲れている人に会ったとします。

今日はなんだか疲れているねといってポンとその方に手をのせるだけで、その方には癒しが起きるようになります。

自分のエネルギー量も増えていく

マインドだけで生きるということは非常に疲れるものです。

スピリットとつながることで、初めて自己愛に目覚めることができます。

しかし、それまでというのは、現在のようなストレスが多い社会では生きているだけでストレスが溜まり、心身ともに疲れているのは当たり前なのです。

そんな人にとって癒しになるのは愛のエネルギーに触れることです。

龍とつながった人というのは、ワークでもご紹介した〝愛の手〟を自然に持つことになります。

そのため、その方自身のヒーリング能力も高まりますし、ご自身が放つ愛のエネルギーの量も増えるのです。

私のところに以前お越しになられた方で、私が龍とおつなぎした女性のお話をしたいと思います。その女性は龍とつながったことで、ご自身のことがとっても好きになったといわれてとっても喜ばれていました。

しかし、龍とつながって1か月ほど経ってから彼女の周りの人に異変が起きはじめたそうです。

たとえば、悪化していた叔父夫婦の仲が修復したり、会社でいじめられ苦しんでいた、従姉妹のいじめ問題が解決したり、悪かった状況が好転しはじめているというのです。

そのとき、彼女がしたことといえば、たった1つ。

龍とつながることにハートをオープンにされていたのです。

愛の言葉で苦しんでいる人に声をかけているだけです。

実は、彼女だけではありません。

龍とつながった人は、このように、どんどん人々に癒しをもたらすようになります。

龍のヒーリング能力は人間よりも何千倍も高いため、本当に龍とつながることができた人は、〝癒しの人〟として生きるようになります。

人々が自然とその人に惹きつけられて、どこからともなく集まってくるようになります。会うだけでその人が元気になったり、気づきをもらったり、実際に心の傷が癒やされ問題が解決されたり、また会った人もスピリットに目覚められるようになります。

会うだけ癒される、そんな人がこれからこの世の中にもっと増えてくるでしょう。
龍は勢いよく私たちの元に近づいてきていますから……。

6章

龍と“本当”につながる方法 ⑥

互いの絆が、
さらに深まる日々の習慣

生きることを楽しもう

ここからは、龍とつながり、絆が深まるようになれる、日々の習慣についてご紹介していきましょう。どれもすぐにできるものばかりですが、続けることで内側から変化があらわれていきます。ぜひ実践してくださいね。

さて、龍とつながるためには、まずは龍に呼ばれる人になることが大切です。そのために最も大切なことは、とにかく生きていることに感謝し、生きることを楽しむことです。

龍は、生きるのに前向きな人が大好きです。今置かれている状況や環境はひとまず横に置いておいて、人生があるからこそ色々な人に出会うことができるわけですし、波瀾万丈が続いたとしても、その経験ができるのもやはり、人生があるからなのです。

私たちは問題ばかりにフォーカスしてしまいがちですが、そもそも人生があるからこその話なのです。生きていることに感謝し、生きることそのものを楽しんでみてください。

自然に触れよう

都心化が進んだ日本の現代は便利な国にはなりましたが、そのぶん、その国の中に住んでいる私たちは自然に触れることを忘れがちです。私たちは自然によって生きることができています。自然がなくなれば、私たちの人生も終わります。そんな私たちは自然と触れることで、ふっと忘れていたスピリットの感覚を思い出せることがあります。自然にはその力があり、龍と自然もとても仲良しです。自然に触れていると、龍の記憶がよみがえってくるかもしれません。そして自然と触れることは何よりもご自身への癒しにもなります。特に都会に住んでいる方は自然に触れるための休日をつくるなどして、定期的に森林浴をする習慣をつけましょう。

やりたいことをどんどんやろう

「龍とつながってから、やりたいことをやります」

または、

「龍とつながりさえすれば、やりたいことだけやって生きていけるんですよね」

という方がいます。そういう方は龍に依存してしまっているといえます。

どんなに龍とつながろうとも、ご自身の人生を切り開いていくのは、やはりご自身であり、龍はその方のサポート役でしかありません。ご自身が人生にやる気を出さなければ、サポートもできないわけです。龍にやる気を見せる、ではありませんが、出会う前からしっかりと、ご自身の人生に向き合い、やりたいことを、どんどん始めておきましょう。すると龍との出会いも早まりますし、実際に龍とつながったとき、ご自身が変容するスピードも早くなるでしょう。

綺麗な色を取り入れよう

綺麗な色とは、色の濃さや色の種類ではありません。黒やグレーでも質の良い綺麗なものもあれば、気分を暗くさせてしまう色もあります。明るい色でも目がチカチカしてそれが部屋にあるだけで落ち着きをなくしてしまうような色もあります。

小物や洋服などもご自身にとって心地が良いと感じられる、質の良いものを選びましょう。ご自身にとって心地が良いと感じる色に囲まれて暮らすことで、ご自身の気持ちも明るくなり、波動も良くなります。私たちにとって、心地が悪いと感じてしまう色というのは、龍にとっては、その何倍も心地が悪いと感じるわけです。そういった色がついている物が置いてある部屋には入ってくることを拒みます。龍がいつ訪れても良いように、綺麗で心が落ち着く色に囲まれるようにしてください。

適度な運動をしよう

龍とつながるためには、ハートを開かなければなりません。4章のワークが実際にうまくできた方はおわかりかと思いますが、ハートを開きハートの空間の旅に出ることは思っているより、たくさん体力を使います。体力がなければハートを開くことさえできないのです。基礎体力をつけるよう適度な運動をするように心がけましょう。そして、適度な運動はマインドとボディーをつなげるためにとても有効的です。ストレッチをする、自転車や歩いて行動するようにするなど、心がけないと、忙しい日常の中では適度な運動もできないものです。どんなに小さな運動と思えるものでも、やらないよりはやったほうが良いですから、ご自身の今の生活スタイルを振り返り、一日のうちにどこで運動を取り入れることができるのか考えてみましょう。運動は長い時間やる必要はありません。15分あれば、いろいろなエクササイズも可能です。テレビを見る時間などを使って運動やエクササイズを心がけましょう。

ワクワクすることをしよう

ワクワクする気持ちとは、スピリットの感覚そのものです。ワクワクすることをやりつづけるだけでも龍と出会える場合があります。その理由は、こういう人は龍と出会うことに準備ができているといえますし、スピリットに目覚めることにも前向きな方だからなのです。「ワクワクすることなんてやっていてもお金になりません、将来が見えません」と、おっしゃられる方も多いのですが、龍も、そしてあなた自身のスピリットも、あなたが安定した暮らしをするためには存在しません。スピリットの感覚に近いことをしているだけで、幸せな気持ちを味わうことができますし、人生がスピリットに目覚める方向へと動きはじめます。

　ワクワクする感覚がわからないという方は、まずは日常の中で小さなことでもワクワクする瞬間に気づいていく必要があります。ワクワクしない人はいません。日々のストレスや疲れによって、感じにくくなっているだけなのです。小さなことから、ワクワクすることにわざと行動に移していくと良いでしょう。

迷ったらGO

　人生は選択に迫られることばかりです。しかし、人生の目的がスピリットという本当の自分との出会いのためにあるとすれば、スピリットを見つけることができるのは、人生での経験の中だけなのです。よりたくさんの経験をすることで、私たちは本当の自分に出会える機会が多くなります。私たち人には、ちゃんと進むべく道を選ぶ能力が、備わっています。

　もしも選択に迷った場合は、ご自身の胸に手を当ててワクワクする感覚があるかどうか感じてみましょう。ワクワクする感覚があればGOです。新しいことにチャレンジするとき、恐怖や不安は付きものです。少し怖くても行動するほうを選択しましょう。龍とつながったとしても、私たちの行動なしに龍は私たちをガイドすることができません。気づきのチャンスを与えたくても、私たちが動かなければ何もすることができません。子どもの頃、いろんなことに興味があったこと、好奇心を沸き立たせたことを思い出し、さまざまなことにチャレンジするようにしてください。きっと思いがけない自分との出会いが待っています。

スピリットで働こう

がむしゃらに働くことが素晴しいのではなく、とにかくワクワクすることに目を向けて、一生懸命そちらに向かってみましょう。スピリットが望む仕事をする場合には、最初から会社で働くように決まった収入を得ることは難しいかもしれません。しかし、続けているうちに少しずつ形になってきます。スピリットの向かいたい方向が、最初からすべて見えるということもあまりないでしょう。

経験を重ねて行く先に、思いもよらない新しい自分との出会いが待っているわけです。

一般的には、趣味を仕事にすることは難しいなどといわれていますが、それは形にするまでに挫折した人が多いからなのだと思います。スピリットを形にすることは、私たちの使命であり、達成したときには大きな至福が得られるのです。違和感を持ちながら嫌々仕事をするのではなく、最初は趣味から始めても良いわけですから、ご自身がやりたいことが仕事になるまでやってみましょう。

友達に会おう

友達というのは自分のマインドが一番投影されやすい存在です。ご自身が自分のマインドを超えていけば友達や人間関係も変わっていきます。ご自身のマインドを知るためにも、友達や知り合いに積極的に会うことは有効的です。

友達と会っているとき、内側の自分とも会話をするようにすると、今、友達に自分の何を投影しているのかということが、よく見えてきます。また、龍からのメッセージが友人の言葉を使って伝えられるということがよくあります。家に引きこもらず、前向きに友達と会うようにしましょう。

動物や赤ちゃんとテレパシーで話してみよう

動物や赤ちゃんのテレパシー能力は、私たちよりも遥かに優れています。言葉に頼るという感覚がないからなのかもしれません。彼らがコミュニケーションする手段は、テレパシーでしかないのです。

逆に人間の私たちは言葉に頼りすぎで、テレパシー能力が封印されつつあります。テレパシーでコミュニケーションする方法は、動物や赤ちゃんから学ぶと良いでしょう。テレパシーで話しかけるコツは、ハートを開いてから、聞いてみたいことなどを心の中で唱えるだけです。返事もテレパシーで返ってきますから、しっかりとハートを開いていなければ聞き取ることができません。龍との会話も基本テレパシーですから、テレパシー能力を今から高めておくと良いでしょう。

氣が良い場所を訪れよう

「氣が良い、氣が悪い、ということを、どのように見分けると良いでしょうか？」

と聞かれることがありますが、氣が良い場所に入るとハートがすーっと開き、なんだか楽しい気持ちや懐かしい感覚に包まれるようになります。逆に氣が悪い場所に入ると、ハートがグッと閉じて、マインドがどんどん沸き上がってくるようになってしまいます。不安に思っていたことをいつも以上に不安に感じてしまい、ネガティブな思考が沸き上がってきて、それに伴って感情も湧き出てきてしまいます。

なるべく氣が良い場所に訪れるようにし、ハートを開く習慣をつけることで、龍とも本当の自分ともつながりやすくなります。いろいろな場所を訪れ、ご自身のハートの反応を見てみるのも良いでしょう。

お部屋のお掃除と整理整頓をしっかりしよう

龍は綺麗な場所を好みます。そして波動が綺麗な人から龍に出会えるともいえるのです。片付いていない家や、お掃除がされていない部屋で生活していると、知らないうちにご自身の波動が汚れていきます。特に自分が寝る部屋はしっかり片付けと、お掃除をしておいたほうが良いです。寝ている間の私たちは、一番波動の影響を受けやすいのです。そして知らないうちに、その波動はご自身と一体化してしまいます。掃除機をかける前に床に天然塩を少しパラパラっとまいて、一緒に掃除機で吸い取ってあげると、お部屋の浄化になります。すっと部屋が明るくなり、ご自身のハートもすっと開いてくるのがわかるでしょう。お部屋の片付けやお掃除は思っている以上に大切です。

今、自分が何を感じているか？の問いを習慣にしよう

今何が起きているか？　どういう状況か？　など、私たちは外側の出来事を把握することに意識がいきがちです。本当に大切なのは、その出来事や状況でスピリットが何を感じているか？　ということです。ハートよりも、もっと奥深いところに存在するスピリットに意識を向けていくことで、本当の自分であるスピリットと統合する近道となります。出来事や状況を解釈するのはマインドであり、マインドが解釈したものに私たちは感情を沸き立たせます。しかし、そこに本当の自分はいません。

マインドの解釈に騙されず、もっと奥深いところで、本当の自分は何を感じているのだ

ろう？　というようにスピリットを感じる習慣をつけることで、マインドからも抜けやすくなります。龍に出会うことができるのも、私たちのマインドではなく、スピリットです。ご自身のスピリットを感じることを習慣にしましょう。

神社に行こう

神社には古くから地球や人間に携わっている龍が存在します。地球の事情もよく知っていますし、人間のこともとってもよく知っています。神社にいる龍は、神社の波動を守る龍であり、あなたのガイドとなる龍ではありません。しかし、神社の波動は高く、私たちが一番龍に出会いやすい場所でもあります。

神社はお参りをする場所ですが、これからは龍にご挨拶をするという意味も兼ねて、神社に出かけるようにしてください。きっとたくさんの龍に出会うことができます。そしてこの龍には、自分の願い事などはせず、「いつも波動を守ってくださりありがとうございます」とお礼をいってください。

私が日本に行くと龍に呼ばれて、いろいろな神社を訪れることが多いのですが、神社には人間のエゴイストな願い事がゴロゴロ波動として落ちています。それらをお掃除するのも、神社の波動を守っている龍なのです。神社はあなたの願い事を投げ込む場所ではありません。普段過ごす場所よりも神社の波動は高くつくられております。神社とは、私たちがその高い波動に触れ、ハートの空間を感じることができる、ありがたい場所です。その場所があることに感謝し、それらの波動を守ってくれている龍にお礼をいってほしいです。近年、神社にいる龍は人間のエゴイストな波動のお掃除に追われ疲れきっていることが、よく見受けられます。これからは感謝の気持ちを波動で流すようにしてみてください。

波動で生きよう

波動は目に見えるものではありません。ハートのセンサーを使って感じることができるものです。

私たちは長い間、ハートを閉じ、マインドだけで生きてきました。マインドとスピリットを統合させて、本当の自分として生きられるようになるためには、日頃からハートを使っていく必要があります。龍を肉眼で見られるようになるには、なかなか時間がかかります。ハートのセンサーを使って波動で龍を感じることが、まず初めの龍との出会いとなります。ハートのセンサーを意識すると、ご自身の身体の感覚や沸き上がる気持ちが、常に変化していることが、わかるようになります。普段からハートのセンサーを意識し、波動で物事をとらえる習慣をつけるようにしましょう。

苦手なことをやめよう

苦手だなと感じてしまうことというのは、スピリットのキャラクターとは真逆であることが多いのです。マインドで生きていると、苦手でやりたくないことでも、やるべきだからという思い込みに縛られ、やってしまっていることが多いものです。嫌いなことや苦手なことをやらないようにしていくのは、マインドに逆らうことになるため、それによる不安や恐れが伴い、少し勇気が必要です。しかし、マインドだけではなく、マインドとスピリットを統合させ、本当の自分を生きるためには、時には苦手なことをやめていくのも大切です。

マインドの自分が、これは絶対にやるべきだと思ってやっている苦手なものでも、本当はスピリットが望んでいないことかもしれません。少し勇気を出してやめてみるとまた1つ新しくスピリットの感覚に出会えるかもしれません。

人から嫌われよう

私たちがスピリットと統合しはじめると、とっても個性的な人間になっていきます。しかし、その過程をブロックしてしまうのがマインドの恐れです。マインドは、これまで慣れ親しんだ環境や、自分というマインドがつくり上げたキャラクターから飛び出すことを恐れます。そしてその恐れや不安がスピリットとの統合に抵抗を感じてしまいます。その大きな理由の一つが、人から嫌われてしまうという恐れです。マインドの究極の恐れは孤独と死です。自分が変化していくこと、環境が変わっていくこと、これにより孤独を味わうのではないか？　と恐怖感が湧いてきてしまうのです。しかし、スピリットと統合した私たちのほうが愛に溢れ、断然、人からは好かれやすくなります。変化していく自分や環境で人から嫌われてしまうかもしれないという不安が湧いてきても、その不安は一時的です。マインドとスピリットの統合の過程で人間関係は新しくなります。スピリットとの統合はいつもワクワク感が高まり幸せな気持ちに包まれます。一時的な不安や恐れに負けないように、どんどんと本当の自分に出会っていってください。

ハートでお金を使おう

愛の波動が乗っているものにお金を使う習慣をつけることは、ご自身のお金の流れを変える良い機会となります。お金には2種類あり、1つはマインドがつくり上げたもの、もう1つはスピリットから沸き上がってきているもの。同じように見えますが波動が全然違います。この世に存在するサービスや商品でも、お金で買わなければならないものはすべて2つの波動に分かれています。ご自身でしっかりとその波動が見分けられるようになり、愛の波動が存在する方にお金を支払えるようになれば、自然とご自身のお金の流れも良くなります。そしてご自身も愛でこの世に何かを生み出せるようになります。それこそがスピリットの使命であり、真の喜びなのです。2つのお金の種類を見極め、愛の波動を感じる方にお金を支払うように心がけてみてください。ご自身もまた、その愛で満たされます。

エネルギーが良いものを口にする

すごく神経質になる必要はありませんが、何を口にするかによってご自身のマインド、ボディー、スピリットの、ボディーの部分から発する波動が変わります。味付けが濃く、添加物が多いものは食べたときは美味しく感じますが、ご自身のボディーの声に耳を傾けてみると、結構負担がかかってしまっていることが多いものです。そうすると身体全体が発する波動も、重い感じになってしまいます。私は波動に敏感なため、野菜であれ、肉であれ、波動が濁っているものを食べると身体がすぐに反応してしまい、具合が悪くなってしまいます。なるべく新鮮で、エネルギッシュなものを口にするようにするとご自身のボディーを働かせるために役立つような栄養素となり、ボディー自体も本来の動きを取り戻すようになります。するとマインドとのつながりも良くなり、沸き上がってくる思考もポジティブに変わっていきます。野菜であっても、エネルギーが死んでしまっていて、ただ野菜の見た目をしているようなものもあります。料理の味付けだけではなく、その食材のエネルギーにも注目して食事をとるようにすると良いでしょう。

エピローグ　*epilogue*

あなたの明るい未来は
確かに約束されている

恐れを手放し、大空を飛ぶ

信じられないことを一瞬で！

いよいよエピローグとなりました。

ここまでお読みいただき、いかがでしたでしょう。

あなたの中で、龍という存在が、少しでも身近に感じていただけることを心より願っています。

龍とつながることで、起こること――。

ここまでお読みの方ならもうおわかりですね。

それは、ご自身がどんどん本当の自分、スピリットに目覚めていくということです。

それまで、ほとんどの方がマインドのことが自分だと思い込んで生きてこられたわけで、マインドの中にある世界が常識であり、正解なのです。

そんな方々が龍と出会うことで、マインドの世界を飛び出し、ハートの奥深くから沸き上がるスピリットの世界へと移行していくわけです。

スピリットは無限の可能性を持っています。どんなことでも可能にし、なんでも意図するだけでそれを現実化することができます。

また、ご自身がスピリットに目覚め、開花していくだけではなく、**龍が持つ愛のエネルギーによって、信じられないような出来事を一瞬で引き寄せることができてしまったり、いとも簡単に人を癒し、その人の現実さえも変える、などということもやっていくようになるわけです。**

しかし、龍とつながった方に共通していることが1つあります。

それは、5章でも申し上げたように、龍とつながったことで次々に起こりはじめる新しい現実に、マインドが混乱して取り残されてしまうということ——。

すると、変化していくご自身や出来事にブレーキをかけてしまうのです。

龍というのは勢いがありますから、ご自身が変容するスピードも、出来事が変化するスピードもとっても速くなります。

意図したことが次の日にもう現実になったりします。

このようなことはマインドだけで生きていたときには絶対に起きません。

ですからマインドが変化に耐えられず、せっかくスピリットとつながることができたのに、ハートの扉を無理矢理閉じてしまうのです。

しかし、1人ひとりが勢いよくスピリットに目覚めていかなければ時間がいくらあっても足りません。ハートを閉じたまま、マインドだけで人々が生きることで地球の破壊も進み、私たちのストレスレベルも増すばかりです。

このままでは、社会が、これからどんどんめちゃくちゃになっていってしまいます。

龍とつながることができた人というのは、ある程度の準備が整った人です。

ご自身の変化や環境が変化していくことに準備ができている方なのです。

龍に呼ばれた人なのですから、次々に起こりはじめる不思議やご自身の心の変化をぜひ楽しんでください。

怖がることはありません。これがあなたの本当の姿なのです。

このことをどうか覚えていてください。

新しい世界への移行

龍とつながった人は、いずれ龍に乗って大空を飛び回ることが可能になります。

私が知っている人でも、「今日はここまで龍に乗ってきました」という人がいます。

その人は、マインドもオープンで、龍や龍の世界を受け入れることができているため、より龍と近い生き方ができるようになっているのです。

とても重要なことなので繰り返します。私たちが今不可能だと思っていることは、すべてマインドが決めたルールです。マインドを超えたときに、この世に限界はありません。

せっかく龍とつながることができたのなら、少しくらい疑う気持ちが湧いてきても、それはこれまでのマインドが混乱しているだけだということを知ってください。

そしてそのマインドの声に負けないように、どんどんと羽ばたいていってください。

変化や変容を受け入れることで、私たちはどんどん新しい世界へと移行していくことができるようになります。その世界は、私たちが今知っている世界よりも、ずっと自由で無限の可能性が広がっています。それはスピリットの喜びでもありチャレンジでもあります。

龍とともに、スピリットとして生きることを、ぜひ楽しんでください。

こうして喜びの人生が続いていく

龍はどんなときもあなたのガイド

多くの方の望みは、苦労をしないように生きていけることだったりします。しかし、苦労をしないように生きることで、どんどん本当の自分とはかけ離れていってしまうことも多く、苦労をしないことが本当の幸せとはいいづらい部分があります。

しかし、私たちの真の幸せとは、1分1秒、自分に嘘をつかず、自分らしく生きつづけられることなのではないかな？　と私は思っています。

私たち人間には共通した一面があります。それは、自分の選択したことが失敗に終わってしまったとしても、本当の自分、スピリットからそれを選んだのであれば絶対に後悔することがないということ。

逆にマインドでこうするべきかな？　ああすべきかな？　などといろいろ考え、こっちの選択のほうが失敗しないだろうと自分なりに未来を想定したとし、選択した結果それが失敗に終わるとするとします。

すると、私たちは必ず後悔をし、悔しい思いをすることになります。スピリットにより近い感覚、つまりご自身そのものが持っている感覚に従ったとき、結果がどうであれ私たちは満足感や達成感を得ることができるわけなのです。

この本では龍のことについてだけではなく、ハートの空間のお話やスピリットについてもお話ししてきました。龍に出会うことや、つながることが人生のゴールなのではなく、龍はあなたが本当の自分に出会うためのサポートやガイドをしてくれる存在です。

龍との出会いにより、あなたが本当の自分と統合していくことができれば、素晴らしい未来を見ていただけると思っています。

今こそ動きはじめるとき

スピリットと統合していく過程は、とっても楽しくて毎日ワクワクさせられるでしょう。

生きて肉体を持ちながら、ハートの空間の旅に出ることなども、とても不思議で神秘的です。

そして何より龍との出会い方や出会ってからのストーリーは、きっと1人ひとり異なります。

この出会いという体験自体も、きっと不思議で、ワクワクさせられるような体験になるでしょう。

マインドという、これまで生きてきた中でつくり上げられた常識や思い込みを飛び出してみると、そこに自由を感じることができ、そして世界が広がりはじめ、たくさんの可能性の中に生きられるようになります。

龍と出会うこと、本当の自分と出会うこと、ハートの空間と出会うこと、宇宙の存在と出会うこと、次元が高い世界と出会うこと。

このように、これからはこれまで知らなかった世界との出会いが続きます。

出会ってからもおもしろいですが、その出会っていく過程もスリル満点で世界観をがらりと変えさせられるような体験ばかりになると思います。

私たちは今、新しい世界へ飛び出していく時期にきています。

1人でも多くの人がマインドという小さな箱から抜け出し、新しい世界や、まだ見ぬ本当の自分に出会っていけることで、やがてこの世界も大きく動きはじめます。

そうすることで、私たちはもっと愛が詰まった次元へと移行していくことができるでしょう。

その世界がどんな世界なのか、私にもまだ想像がつきません。

しかし、道を歩いているだけで、愛を感じられるような、そんな世界がもうすぐそこにあるような気がします。

その世界では、人々がただ生きていることに感謝し、人生を生きる目的は、より深い自分と出会うことだと、1人ひとり認識しているのです。

そして、その過程で愛を表現し合って生きられるような、そんな世界です。

この世界をつくっていくことができるのは、私たち1人ひとりです。私たち1人ひとりが真の存在に目覚め、愛に目覚める以外に、この世に愛をもたらし、地球に恩返しをする方法はありません。

これから私たちは、龍のサポートにより、今よりもっと愛が詰まった次元の世界へ移行していける気がします。

おわりに　次の展開を少しだけ教えます

私自身、ネガティブな思い込みばかりのマインドの中に10年以上も生き続け、大変辛い思いをしました。

そのためか、スピリットのままで生きることの素晴らしさや、スピリットと出会い続けることができる人生の奥深さや面白さを、多くの方に知っていただきたいという思いで、これまでお話をさせていただきました。

龍や宇宙の存在との出会いにより、私はたくさんの自分を思い出すことができました。そして、今でも毎日新しい自分に出会っています。

宇宙の存在の中でも、龍は最も人間に近い存在です。

龍は愛に溢れていて一緒にいるだけで癒される存在です。どんな私たちをも受け入れる姿勢がありその在り方にも癒されます。いつも私たちのために一生懸命飛び回ってたくさんの仕事をしてくれる姿にも感動させられます。

それだけでなく、宇宙のたくさんの存在が、私たちの人生に関わっています。

私たちは決して1人で生きているわけではないのです。そしてその存在を感じられるようになること自体も私たちを孤独や不安から救ってくれます。

今後少しの間、宇宙の存在を感じながら生きられるようになっていく人と、マインドという小さな箱の中だけで生きる人との間に目立った差が出てくるようになるでしょう。

しかし、やがてすべての人が、宇宙の存在や内側から沸き上がる宇宙の根源の愛に気がつくようになります。

しかしそれにはマインドの成長が必要です。マインドがマインドから抜ける覚悟を決めることと、少しの勇気が必要なのです。

今多くの人々は、その準備のための人生が起きています。そうして、スピリットや宇宙の存在に目覚める準備ができてきた人のところに龍が舞い降りることになります。

龍とつながる準備と覚悟をするために、この本がその参考書となれば光栄です。

最後に、この本を最後までお読みいただき、本当にありがとうございました。

スピリチュアルコンサルタント　ＭＯＭＯＹＯ

不思議なパワーが奇跡を起こす
あなただけの「龍《りゅう》」とつながる方法《ほうほう》

2016年 8月31日　初版発行
2020年 2月 4日　13刷発行

著　者……MOMOYO
発行者……大和謙二
発行所……株式会社大和出版
東京都文京区音羽1-26-11　〒112-0013
電話　営業部03-5978-8121／編集部03-5978-8131
http://www.daiwashuppan.com
印刷所／製本所……日経印刷株式会社
装幀者……後藤葉子（森デザイン室）
装画者……ＲＩＥ

ISBN978-4-8047-0524-8

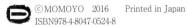